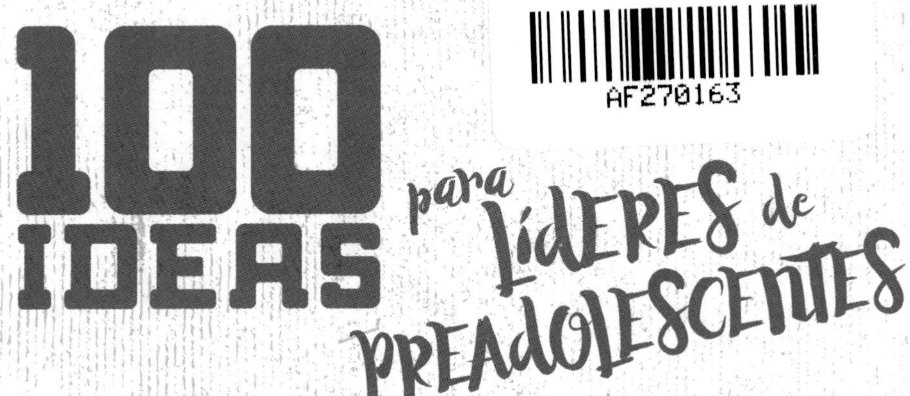

COLABORADORES

NASH FORCINITO

OSCAR MUÑOZ

VALERIA LEYS

ISAAC MENDOZA

CASSY VIVEROS

LUCAS LEYS

Y MIEMBROS DEL EQUIPO DE RECURSOS DE E625.COM

100 IDEAS

para líderes de PREADOLESCENTES

e625.com

100 IDEAS PARA LÍDERES DE PREADOLESCENTES
e625 - 2020
Dallas, Texas
e625 ©2020 por e625

Todas las citas bíblicas son de la Nueva Biblia Viva (NBV) a menos que se indique lo contrario.

Editado por: **Marcelo Mataloni**
Diseño de portada e Interior: **JuanShimabukuroDesign**

ISBN: 978-1-946707-35-2

IMPRESO EN ESTADOS UNIDOS

PRESENTACIÓN IMPORTANTE

¿Quién no necesita ideas? Todos las necesitamos: ideas frescas, excéntricas, inolvidables y osadas, y sobre todo cuando el propósito es cautivar a un grupo selecto de personas con las verdades eternas de Dios.

La creatividad es un regalo del cielo, y una gran noticia que tenemos para darte es que *la creatividad de otros también puede ser tu creatividad.* ¿Quién lo sabe todo por generación instantánea? Solo Dios. Los demás aprendemos compartiendo ideas unos de otros, y de eso se trata este libro y esta serie (este libro es parte de otros materiales de este estilo).

La creatividad se aprende, demanda trabajo y planificación y además requiere algo de desinhibición cognitiva, fe y amor. ¿Por qué amor? Porque si te desespera que tu púbico aprenda es porque lo amas, y cuando lo amas no tienes tantas trabas emocionales y excusas para no usar la creatividad y exponerte a hacer cosas diferentes.

EL GRAN POR QUÉ

El punto de usar la creatividad en el ministerio no es ser creativos sino eficaces y fieles y lograr lo que Dios puso en nuestras manos para lograr. Yo me resisto a esa idea antibíblica de que si es espiritual es aburrido y si es aburrido es porque es espiritual. ¿Por qué «espiritual» no puede ser emocionante? Lo emocionante es divertido, atrapa y seduce, y para eso usamos la creatividad. Nuestras actividades deben dejar en claro que no hay nada más emocionante que estar en la voluntad del Dios que nos escogió para una vida abundante (Juan 10:10) que sea catalizadora de su gracia (Efesios 2:10).

De manera aislada, casi todas estas ideas pueden hacerte creer que tu tarea es hacer algo espectacular para que tu público crea que eres espectacular, pero sería un despropósito que el punto sea ese. El objetivo de cada idea está anclado en la pedagogía: usamos estas ideas para enseñar, no siempre y no todas para dar una clase bíblica —porque también es bíblico trabajar en las relaciones, como vemos en Marcos 3:14—, pero sí por amor a la tarea que tenemos entre manos y a las personas a las cuales servimos.

DE LAS IDEAS A LA ACCIÓN

Quienes trabajamos en este libro no conocemos a tu público como tú, lo cual quiere decir que todo lo que leas demanda una adaptación y también un plan de ejecución. En muchas ocasiones, el *timing* (o, dicho en español, 'encontrar el tiempo oportuno') define el resultado de una idea más que la idea en sí misma: lo que sabes de tu público determina si una idea es realizable o no con ellos, —aunque a veces igualmente puedes sorprenderte—.

Las ideas no tienen pies, manos u ojos pero tú sí, así que no es que las ideas «trabajan» o no sino que nosotros debemos trabajar para que las ideas lleguen a la acción.

Planea con anticipación, ya que *creatividad* no es sinónimo de *espontaneidad:* si la idea requiere materiales, lo primero es conseguir los materiales; si la idea demanda cómplices, prepara de antemano los cómplices de la mejor manera posible.

Calendariza las ideas, porque si esperas a la situación ideal para realizarlas es posible que nunca vayan a suceder (eso no quiere decir que no busques el tiempo oportuno como ya dijimos, pero *oportuno* no es sinónimo de *perfecto*).

LO VERDADERAMENTE SAGRADO

Por último, te recuerdo que prácticamente ninguna de las actividades que hacemos en el ministerio son sagradas: lo sagrado es la Palabra de Dios y las personas a las cuales servimos. Los horarios, comportamientos y costumbres son detalles de los usos de cada contexto; ni siquiera el templo es sagrado porque Dios no habita ahí (Hechos 17:24). Ni el horario de la reunión, la manera de sentarse o el orden de actividades están en la Biblia, lo cual quiere decir que Dios te dio libertad creativa para

implementar distintas ideas de cara a la misión de
hacer discípulos (Mateo 28:18); claro que debemos
ser sensibles a lo que nuestra comunidad interpreta de
cada costumbre (Romanos 14:1-2) y al hecho de que
siempre debemos estar seguros de no ser cómplices de
rebeldía barata o de bajar los estándares de moralidad,
pero con sentido común, en todo se puede innovar
para ser cada vez más fieles a la tarea que Dios puso
en nuestras manos.

¡Ánimo en Jesús!

Dr. Lucas Leys
Autor. Fundador de e625.com

CONTENIDO

TU LISTA DE IDEAS

IDEAS
generales

1. NI NIÑOS NI ADOLESCENTES

La preadolescencia es una etapa científicamente comprobable, una fase neuronal muy específica, y por eso es un error enmarcarla en la niñez pura o en la adolescencia. Cuando a esta realidad la aterrizamos en nuestras iglesias tenemos que  aprender a diferenciarla con las etapas anterior y la posterior, ya que se ofenden cuando los tenemos con los de menos de 10 años y se sienten intimidados cuando tratamos de mezclarlos con los de 14 años para arriba.

Los preadolescentes necesitan un espacio propio y seguro donde puedan vivir la transición entre la calidez e ingenuidad de la niñez y la jungla de sospecha de la adolescencia. Sus padres, pastores y líderes debemos tener en claro las necesidades únicas de su etapa y por eso debemos estudiarlos a la vez que los abrazamos con el amor de Dios en medio de nosotros, debemos respetar la etapa de diseño divino en la que se encuentran, así que si en tu iglesia todavía no tienen un ministerio específico para preadolescentes, es el tiempo de comenzarlo, y si ya lo tienen no cedan a la tentación de intentar tener más niños o más adolescentes mezclándolos con un grupo u otro, ya que una premisa fundamental para el éxito en el ministerio con esta etapa es no tratarlos como niños ni como adolescentes. Aunque los números sean menores por tenerlos separados, el que tengan su espacio es la mejor plataforma para pastorearlos y también para que luego quieran multiplicarse invitando a otros preadolescentes a participar.

2. PROMUEVE UN NUEVO PROTAGONISMO

Las principales corporaciones detrás de la moda, la electrónica y los medios audiovisuales —y ni hablar de los videojuegos— están muy interesadas en los preadolescentes… como si supieran algo que en las iglesias ignoramos.

En el ámbito de la filosofía —donde a algunos les gusta ponerles nombre a las generaciones—se ha debatido si la preadolescencia es una consecuencia de la posmodernidad, y lo cierto es que, aunque haya un efecto cultural o no, existe una etapa emergente distinta a la adolescencia y que ahora puede corroborarse científicamente a través de escaneos neuronales (lo que hoy llamamos *neurociencia*). La preadolescencia antecede y le da una antesala a la pubertad. En inglés se conoce a los chicos de esta etapa como *tweens*, haciendo un juego de palabras entre *teens* ('adolescentes') y *between* (que significa 'entre'), y esto hace referencia a que son demasiado maduros como para considerarse niños pero son aún muy pequeños como para ser llamados adolescentes, ya que el hipotálamo todavía no dio la orden en ellos de que comience su pubertad.

En la preadolescencia inicia el pensamiento abstracto, donde comienzan a pensar críticamente acerca de sí mismos y se dan cuenta de que hay distintas perspectivas de la realidad, lo que puede hacerlos sentirse confundidos; descubren que hay cosmovisiones diferentes a la de su familia y que los valores de su contexto no son los de todos, incluyendo a gente buena y a la que respetan («¿Cómo es que gente buena puede pensar así?», se preguntan), y por eso es que hoy sabemos que esta es una etapa ideal para crear afinidades personales y de valores que van a prolongarse por el resto de sus vidas. También por esto es tan importante que la iglesia les dé su lugar protagónico.

3. NO SUBESTIMES SU PERCEPCIÓN ESPIRITUAL

La preadolescencia es una etapa maravillosa de aventura intelectual ya que la llegada del pensamiento abstracto abre en ellos un mundo de incógnitas. A partir de los 10 años deja de ser suficiente conocer a los protagonistas de las historias de la Biblia y saber cada escena, ahora es importante entenderlas. ¿Qué quieren decir? Esta poderosa intriga, sumada a que no tienen suficientes experiencias para la aplicación de esos porqués, hace muy fácil que su imaginación vuele de manera salvaje y digan cosas realmente sorprendentes, y esto puede ocasionar que subestimemos su percepción espiritual.

Muy seguido, los adultos asumimos que como los preadolescentes todavía no se ven tan diferentes a los niños no son capaces de comprender el porqué de las cosas, o peor, entendemos que no están listos para tener una relación total y plena con Jesús; incluso, que no pueden ofrecer mucho a otros, y ese es un triste error. Los preadolescentes tienen la capacidad total de tener una relación plena con Dios y los líderes tenemos la oportunidad de guiarlos junto con sus padres a que esa relación sea mucho más estrecha y genuina a medida que van madurando en todos los aspectos de sus vidas. Aunque su imaginación sea aniñada, su percepción de los porqués de Dios puede ser todavía más genuina que la de los adultos que ya hemos sido domesticados por ideas de nuestros entornos, así que déjate sorprender por la profunda percepción espiritual que pueden manifestar si aprendes a escucharlos.

4. SEPÁRALOS POR CHICOS Y CHICAS

Como en ninguna otra etapa de la vida, durante la preadolescencia las mujeres y los hombres maduramos de manera dispar y por lo tanto tenemos intereses diferentes. Es un hecho científicamente comprobable que el desarrollo genital le llega antes a las chicas que a los muchachos y esto crea un distanciamiento temporal entre unos y otros que debemos tomar en cuenta, y por eso funciona muy bien tener clases y reuniones separadas por género, aunque pueda haber también algún tiempo en común.

Una opción que algunos manejan para las reuniones de preadolescentes y también

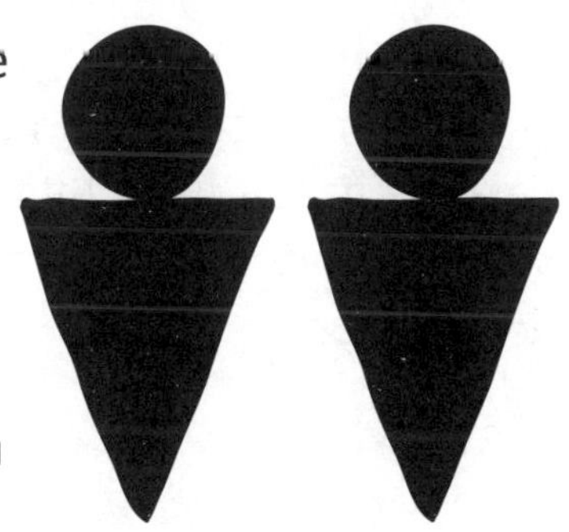

de adolescentes es un tiempo compartido de juegos de integración y alabanza y luego separarse en clases para el momento del diálogo, ya que la presencia del sexo opuesto suele ser más bien una distracción que un incentivo al momento de la reflexión.

5. APÚNTALE AL PORQUÉ DE LAS COSAS

Mientras disfrutamos nuestra niñez contamos con una línea entre lo bueno y lo malo, lo conveniente y lo peligroso, marcada por los adultos en nuestras vidas (sobre todo por nuestros padres), pero llegada la preadolescencia comenzamos a «probar» la línea, y no por  desobediencia sino para ampliar nuestra compresión; ahora queremos saber qué hay detrás de ella y por qué está ahí, es decir, ya no basta con que papá o mamá digan que no sino que ahora queremos saber por qué dicen que no, y nos llevará varios años decidir si están en lo correcto. Por esos ahora es importante dejar de hablar de la Biblia como un libro de historia y comenzar a tratarla como un libro de principios para descubrir.

6. RECONDUCE LA EXAGERACIÓN

Los preadolescentes tienden a usar un lenguaje exagerado acerca de situaciones, eventos o personas a su alrededor; por ejemplo, es normal que generalicen usando referencias a *todos*, *siempre*, *nada* o *nadie*, y por eso hay que aprender a entenderlos sin literalizar sus palabras, y de hecho ayudándolos a interpretar mejor la realidad para que puedan madurar el manejo de sus emociones. Cuando las exageraciones tienen que ver con sentimientos positivos pueden funcionar como una autoafirmación, pero cuando se usan en un marco de sentimientos negativos pueden abrir el corazón a mucha inseguridad e incluso a la depresión temprana.

Una manera de reconducir sus palabras es haciéndoles preguntas específicas: por ejemplo, si dicen «Todos me dijeron...» podemos preguntarles «Cuando dices *todos*, ¿a quiénes te refieres específicamente?», y quizás ellos nos mirarán sorprendidos

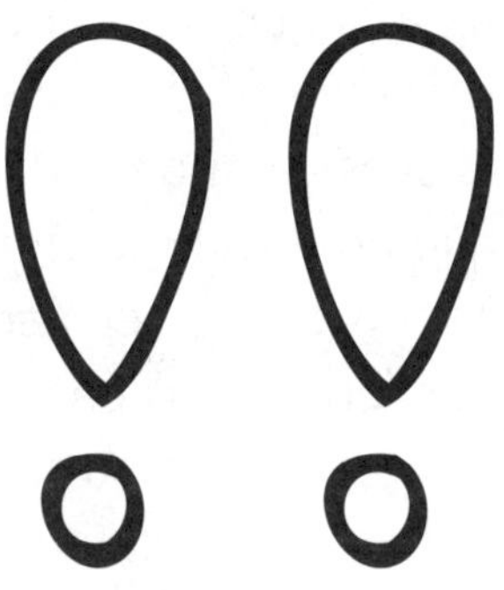

pero luego comenzarán a decir nombres. Esto puede ayudarnos a dejarles en claro que estamos escuchándolos y que deseamos entenderlos, y sin dudas esa confianza puede abrirnos luego la puerta a conversaciones más profundas, quizás con el paso de los meses y los años.

Obviamente, el problema no son las palabras y el punto no es corregirlas sino ayudarlos a tener una percepción más madura de sus mundos.

7. LAS DOS PREGUNTAS

Cuando los preadolescentes que tienes a tu cargo estaban iniciando su niñez creían que eran buenísimos  para lo que fuera: podían dibujar como Picasso y correr como Usain Bolt, pero ahora comienzan a tener la sensación opuesta. Hay muy pocos preadolescentes que no duden de sí mismos, se dan cuenta de que hay distintas perspectivas de la realidad y, al hacerlo, pueden desilusionarse y sentirse confundidos; por eso, es muy importante conocer las dos preguntas que encabezan toda la gran lista de preguntas que ellos se formulan durante esta etapa: ¿A quién le gusto? y ¿Quién me gusta?

Fíjate que estas dos preguntas no son sinónimos de ¿Quién me ama? y ¿A quién amo?; sería sensacional que a esta altura ya supieran que son amados por Dios, por sus padres y por la iglesia, pero ahora están en la búsqueda de algo más, quieren razones que vayan más allá de, por ejemplo, «Mis padres me aman porque soy su hija».

En esta etapa necesitamos brindarles a nuestros preadolescentes afirmación pura, directa y continua ya que psicológicamente en esta edad se replantean lo que fue su vida hasta el momento para darle un significado más personal a sus vivencias. Los padres notarán, por ejemplo, que comienzan a pedir fotos de cuando eran chicos o hacer preguntas al respecto, y es vital en esta etapa que vayan entendiendo mejor cuán valiosos son.

8. NO DUPLIQUES LA ESCUELA

Los preadolescentes promedio ya pasan suficiente tiempo en la semana sentados en un salón de clases, y la mayoría te diría que no les gusta la escuela e incluso algunos se alegran de salir temprano de vez en cuando. ¿Por qué duplicar ese lugar en la iglesia?

El origen reciente de la escuela bíblica lo heredamos de Inglaterra, donde durante la Revolución Industrial y debido a que muchos niños trabajaban se decidió que las iglesias

podían ayudar a los niños a no perder sus estudios ofreciéndoles una escuela los domingos, y por eso se conoció como escuela dominical. Hoy muchas iglesias ya no llaman *escuela dominical* a sus esfuerzos con los niños o preadolescentes, pero la contundente mayoría repite el modelo sin el nombre.

Lo que sí debemos hacer es cautivar a los preadolescentes con los valores del Evangelio y necesitamos crear un ambiente donde se faciliten experiencias de aprendizaje y socialización, uno adonde quieran traer a sus amigos.

Piensa *fuera de la caja*, o en este caso, de la escuela.

9. NO HAGAS REUNIONES PARA MINI ADULTOS

Un error muy común en la mayoría de las iglesias cristianas es tratar a las nuevas generaciones como *mini adultos*: ni los niños, ni los preadolescentes, ni los adolescentes ni los jóvenes son «medio adultos» y no tienen por qué serlo porque Dios, en su sabiduría, diseñó una maduración gradual para el ser humano. Por esta razón, es un error cuando las reuniones para las nuevas generaciones son idénticas a las de los adultos, solo que se agregan un poco de «efectos especiales».

La tarea de la iglesia no es domesticar a las nuevas generaciones con costumbres religiosas de adultos sino educar con la palabra de Dios a cada generación, y por eso es conveniente preguntarnos cómo aprenden en la etapa en la que están y qué herramientas ministeriales utilizar para las actividades con ellos.

Por si no lo tenías en claro: el discurso de 45 minutos que llamamos sermón no es parte del llamado de Dios sino solamente una metodología de comunicación. Y lo mismo sucede con cantar, lo cual es una expresión hermosa pero que no necesariamente les sirve y les suma a todos. ¿Estamos diciendo que es malo predicar y alabar a Dios? No. Lo que estamos diciendo es que cantar por media hora y luego escuchar un discurso por al menos otra media hora es solo una metodología (una liturgia) que podemos cambiar para que verdaderamente alaben (que del corazón les broten elogios y motivos de agradecimiento a Dios) y verdaderamente aprendan.

10. ELIGE TU IDENTIDAD IDEAL

Que tu ministerio de preadolescentes tenga una identidad atractiva propia es crucial: dale un nombre y logo único que llame la atención de ellos a la vez que les dé confianza a los padres, busca personas de tu equipo que puedan ayudarte a desarrollar la identidad del ministerio, involucra a los preadolescentes y pídeles ideas para decorar el salón que uses en el edificio de la iglesia y que te ayuden en la decoración una vez que el

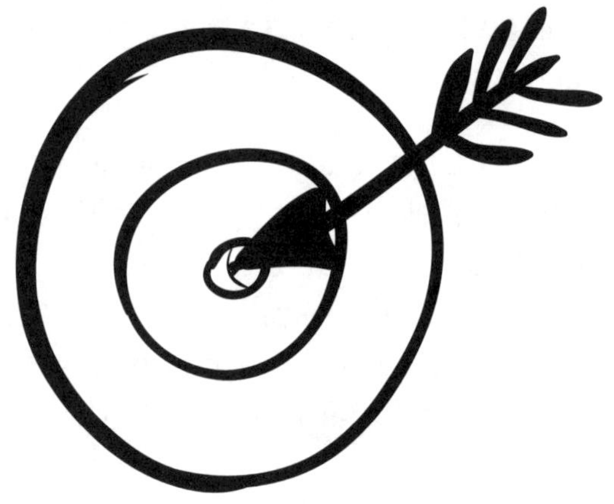

logo, el nombre y un *look* o una paleta de colores esté definida.

Considera ideas que reflejen la cultura de tus preadolescentes, la iglesia y la ciudad, y si tu ministerio ya tiene un nombre y un logo y crees que es viejo o debería ser mejor, háblalo con otros líderes y tus supervisores; la razón para tener esos nombres no puede ser la nostalgia de que «siempre se llamó así». Los preadolescentes de tu ahora no tienen la culpa de lo que se decidió en tu ayer, aunque —por favor— tampoco cambies solo por cambiar. Así como un buen logo es vital para una marca, también puede ser una gran herramienta para tu ministerio.

11. DESATA SU CREATIVIDAD

Enseñar a los preadolescentes requiere energía, imaginación e interacción continua y una gran noticia es que ellos están listos para hacer su aporte y no dependes exclusivamente de tu creatividad. Los preadolescentes tienen un tiempo de atención demasiado corto, pero son muy inteligentes para entender conceptos abstractos. Prepárate para actividades de corta duración, con temas directos y claros e inclúyelos en el proceso de aprendizaje haciéndoles buenas preguntas y dándoles la oportunidad de hacerlas.

Asigna tareas específicas cortas, sobre todo a los más inquietos y delégales usar su plena creatividad sin darles demasiadas órdenes. Te sorprenderás.

12. BRINDA UN AMOR MÁS ESPECÍFICO Y PÚBLICO

El concepto de identidad personal empieza a hacerse mucho claro durante la preadolescencia y, aunque todavía está lejos de la gran crisis de identidad que cada individuo vivirá en la siguiente etapa, justamente para prevenir esa crisis propia de la adolescencia es que en esta fase deben ser afirmados. Una manera simple y poderosa de hacerlo es hacerles saber en público que son importantes para ti; claro que puedes decírselo en privado, pero que lo hagas con las personas que los rodean tiene un impacto

muy especial. El que les digas de manera literal «eres importante» puede llegar muy lejos para algunos, sobre todo si puedes agregar un adjetivo personalizado con alguna característica que los destaque. Tómate el tiempo de conocer a tus preadolescentes lo suficiente y exprésales que son importantes en un lenguaje claro y fuerte para ellos, sin ningún tipo de inhibición.

13. FACILITA SU FE PERSONAL

Es en la etapa de la preadolescencia que la gran mayoría de quienes nos criamos en la iglesia comenzamos a decidir en serio que la Biblia no solo es un libro antiguo con historias de héroes, reyes y princesas y que habla de Dios, sino que es el libro que contiene las verdades del Dios vivo reveladas para nosotros de manera personal.

Quienes trabajamos con preadolescentes tenemos la oportunidad de ofrecer y crear un ambiente espiritual, momentos agradables con significado espiritual y discusiones bíblicas para que cada uno de ellos comiencen un dialogo espiritual, normal y cotidiano con el Dios que nos ama. Ahora se hace todavía más crucial que antes tener en claro que el punto de tener reuniones no es que se porten bien con una buena moralidad, sepan historias de la Biblia o eviten las malas palabras sino que desarrollen una fe y una relación con Dios que sea singular de y para cada uno.

14. SEPÁRALOS EN UNIDADES PEQUEÑAS

Aunque tu ministerio de preadolescentes no sea demasiado numeroso, evita el siempre  hablarles en el grupo grande; separarlos en unidades más pequeñas —de a cuatro, o incluso de a dos— puede ayudarte a dinamizar las conversaciones y la asimilación del tema que estés compartiendo. Incluso para la oración: orar en el grupo grande, aunque sean diez, puede ser mucho más intimidante que hacerlo de a dos o tres. Los grupos pequeños también son una herramienta útil para conocer mejor a cada uno de ellos y crear relaciones más estrechas, y por eso hay otro libro como este que se llama *100 ideas para líderes de células y grupos pequeños.*

Mientras tu iglesia crece y tu ministerio de preadolescentes se fortalece, será cada vez más probable que tengas que luchar con la tentación de enfocarte en los números en lugar de las personas, y el reducir a un grupo grande en unidades más pequeñas va a ayudarte a que más de ellos puedan expresarse y sentirse escuchados.

15. CREA UNA ZONA LIBRE DE BULLYING

Una manera muy concreta de bendecir a tus preadolescentes y ayudarlos a conocerse y expresarse es asegurarte que tu ministerio es un refugio libre de burlas y juicios. Esto no es fácil de lograr pero es un arte crucial en el trabajo con preadolescentes, ya que entre ellos es muy usual reírse de los errores o rarezas de los otros.

Para lograr esta idea de refugio, es bueno ser explícitos en explicar que en tu ministerio no hay lugar para las burlas (incluso puedes hacerles hacer algunos carteles creativos a ellos con esta premisa para pegar en las paredes). El propiciar espacios donde puedan sentirse seguros de no ser juzgados y con la libertad de expresar su corazón es vital para responder sus preguntas y para que la iglesia no sea otro lugar que intimide a los más tímidos.

Claro que también tienes que estar dispuesto a ser transparente y sincero con ellos para poder crear un canal de comunicación en ambas direcciones, pero disminuirles el volumen a las críticas, las burlas y los comentarios mordaces es fundamental para que tus preadolescentes quieran estar y participar de tu ministerio.

16. ESCRIBE LA MISIÓN Y PROMUEVE LA VISIÓN

La *misión* es lo que debes lograr y la *visión* es el panorama de cómo lograr esa misión en un espacio contextual determinado, y te sorprenderías de cuántos líderes cristianos no saben la diferencia entre una cosa y la otra. Como hacen casi todas las multinacionales exitosas de hoy en día, siempre es recomendable escribir la misión de un grupo, y tu ministerio no es la excepción. ¿Qué quieren lograr? O mejor dicho, ¿qué quiere Dios que consigas? Escríbelo y exprésalo en palabras que todos en tu ministerio puedan entender, comenzando por tus preadolescentes, ya que es indispensable que ellos sepan para qué están allí.

Si todavía no leíste el libro *Liderazgo Generacional* del Dr. Lucas Leys, hazlo de manera urgente para ir bien profundo en establecer cuáles deben ser la gran meta y los propósitos de tu ministerio, logrando así determinar una visión clara de cómo conseguir aquello que Dios te inspira a conseguir.

Luego de hacer esto promociona sin pudor la manera que tu ministerio tiene de conseguir lo que Dios quiere. Destaca tus valores y no temas hablar con orgullo de tu ministerio de preadolescentes; la visión comunica el impacto que deseas hacer en la vida especifica de tus preadolescentes y ayuda a darle identidad a tu ministerio facilitando la toma de decisiones y alineando a todos los involucrados.

17. CLARIFICA POLÍTICAS DE SEGURIDAD

Toma el tiempo para crear un manual donde se establezcan políticas de seguridad para tu grupo de preadolescentes; haz una reunión con los nuevos voluntarios, pídeles que lean el manual y asegúrate de que entiendan claramente los procedimientos de seguridad. Cada cierto tiempo revisa los procedimientos y verifica que estén llevándose a cabo.

Identifica quién de tu equipo de trabajo tiene conocimientos médicos o de primeros auxilios:

siempre es importante saber qué hacer cuando un preadolescente se siente mal o sucede un accidente y también cuándo llamar al servicio de emergencias. De hecho, en la mayoría de nuestras ciudades es aconsejable tener voluntarios guardianes que solo estén allí para seguridad de los participantes.

También es necesario desarrollar un procedimiento para saber cómo actuar frente a otras situaciones, como qué hacer cuando un preadolescente necesita irse antes de que el servicio termine, quién pasa a buscarlo y cuál es la razón por la que se va.

18. EVALÚA RESULTADOS

Siempre podemos mejorar y siempre es bueno escuchar a todos los participantes de tu ministerio para considerar qué aspecto de lo que hacemos podemos optimizar. Generalmente en la iglesia, solemos asumir

que si algo se hace para Dios y con buenas intenciones entonces es suficientemente bueno, pero esta premisa ha detenido el avance de muchos ministerios.

Lo que debemos evaluar en el ministerio no son necesariamente las intenciones, y ni siquiera lo más importante es evaluar el esfuerzo sino los resultados. ¿Estamos logrando que los preadolescentes aprendan? ¿Estamos logrando que los preadolescentes maduren? ¿Hay testimonios de que nuestros preadolescentes están llevándose mejor son sus padres? ¿Qué tan buenos estudiantes son en la escuela? ¿Está multiplicándose el número de preadolescentes? ¿Cuáles son los meses de mayor y menor asistencia? ¿Sabemos por qué?

El punto es que necesitamos criterios de evaluación e incluso es bueno establecer ritmos de evaluación, como por ejemplo al terminar un mes, o cada tres meses, y ni hablar cuando terminamos un año. ¿Qué temas funcionaron mejor? ¿A qué tipo de conversaciones reaccionan mejor nuestros preadolescentes?

No temas evaluar, es vital para el desarrollo de tu ministerio.

19. NO REINVENTES LA PÓLVORA

Todos necesitamos materiales de discipulado. ¿Te imaginas cuán efectivas serían las escuelas sin programas de estudio? Todos necesitamos preparar un orden secuenciado de enseñanza para facilitar el aprendizaje, y tu ministerio no necesita partir de

cero ya que existen materiales de discipulado que han sido probado por cientos de iglesias con los preadolescentes.

Algunos de estos materiales los produce *www.e625.com* y gracias a Dios hay otras editoriales e iglesias que comparten los suyos también. Búscalos con cuidado y elígelos con anticipación. Busca secuencias completas como *Toda la Biblia en un año para preadolescentes*, que es de los favoritos de e625com para que puedas darle continuidad a tu enseñanza y desarrollar un programa ordenado.

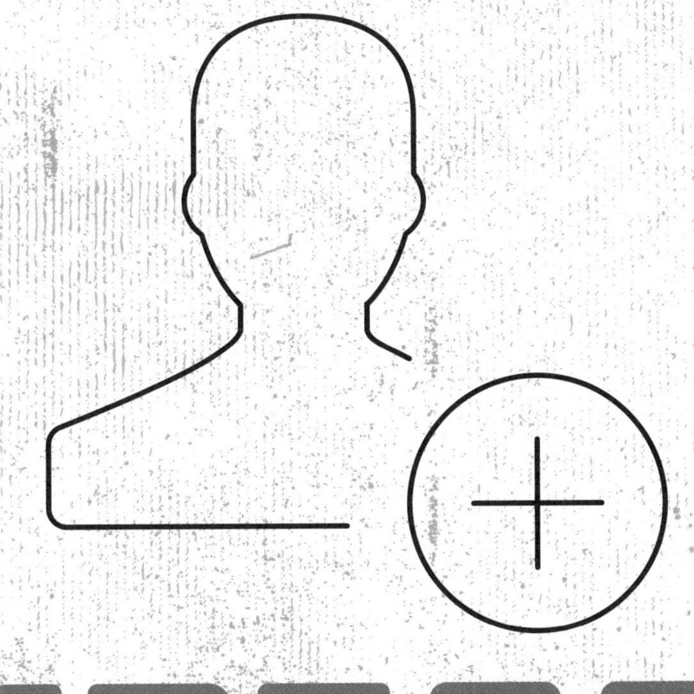

IDEAS

para sumar voluntarios

20. SIEMPRE ES MEJOR EN EQUIPO

Como en todos los ministerios, cuanto más fuerte sea tu equipo más eficaz será en el trabajo con tu ministerio con preadolescentes.

La idea del *superlíder* es primitiva y llegó la hora de dejarla en desuso, ya que de a uno se logra muy poco. Necesitamos equipos a cargo de cada ministerio, y aunque en cada uno haya una voz principal, esa voz no puede estar sola: necesitamos sumar voces, ideas, brazos y ojos al equipo del ministerio de preadolescentes, y mucho de tu éxito tendrá que ver con tu capacidad para reclutar voluntarios.

21. QUE NO SEAN ETERNOS

Uno de los errores más comunes a la hora de sumar voluntarios a los ministerios es que los compromisos se hacen de manera indefinida, como si fueran «para siempre»; esta indefinición genera desgaste y les roba a los líderes la mejor oportunidad de hacer recambio de personas o tareas sin ofender a nadie cuando es necesario renovar los esfuerzos en el ministerio.

No tengas temor de crear una pequeña hoja de contrato de voluntariado, con un tiempo previamente estipulado que puede ser semestral o anual según le funcione mejor a tu ministerio. El que la gente sepa en qué momento terminará su compromiso también ayudará a que más personas estén dispuestas a ayudarte, y a la vez te ayudará a que los voluntarios recuerden mejor que no están allí por obligación sino por un compromiso renovable.

22. ASIGNA OBJETIVOS TEMPORALES

Así como es recomendable que el compromiso de los voluntarios tenga un tiempo definido, también es recomendable que haya objetivos definidos para cada período y que sean específicos a cada voluntario (o al menos a cada categoría de voluntarios).

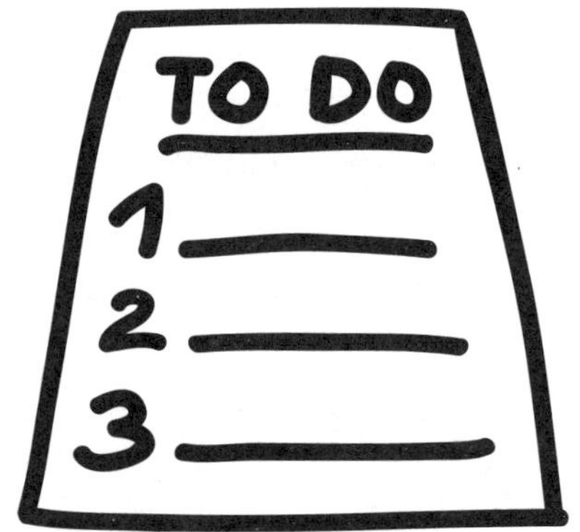

El que haya objetivos específicos ayuda a contabilizar los resultados y a gestionar los esfuerzos, a su vez que hace medible el progreso hacia la misión.

23. CONECTA A TUS VOLUNTARIOS ENTRE SÍ

Para mantener a los voluntarios animados es vital crear un espíritu de equipo entre ellos, y no debemos asumir que eso sucederá naturalmente sino que debemos facilitarlo intencionalmente.

Fuera de la clase o la reunión de preadolescentes no descuentes el poder de organizar actividades donde los voluntarios convivan y se diviertan sin servir. Esto te ayudará a que se abran canales de colaboración, ya que si se sienten parte de la familia y encuentran sentido de pertenencia será mucho más importante para ellos el servicio brindado.

24. CELÉBRALOS CON EXUBERANCIA

Todos los seres humanos necesitamos sentirnos valorados y que se noten nuestros esfuerzos, y por eso celebrar a cada uno es importante. Organiza momentos donde puedas hacerles saber lo importantes que son para ti y lo que significa el trabajo que están haciendo por los preadolescentes. El que celebres a tus voluntarios con exuberancia no solo será un gran incentivo para ellos sino que atraerá a muchos otros voluntarios a querer ser parte de tu equipo.

Para hacerlo con exuberancia, entrega premios y reconocimientos públicos (diplomas, regalos y premios curiosos pueden ser un gran incentivo).

25. CONDÚCELOS A SER EJEMPLOS INTEGRALES

Anima a tus voluntarios a seguir creciendo más allá de su servicio entre los preadolescentes, desafíalos a que sean parte de algún estudio bíblico y pídeles que sean constantes en las reuniones dominicales. Deben saber que los preadolescentes no solo observan cómo ellos cumplen sus tareas sino que los miran más allá de las fronteras de sus reuniones de preadolescentes.

26. ASEGÚRATE LA MEJOR SELECCIÓN

Nunca aceptes a cualquiera solo porque necesitas voluntarios: establece requisitos y sé exigente, y más personas querrán ser parte de tu ministerio. Establece las expectativas y déjaselas saber a todos.

Algunos de los requisitos básicos que puedes establecer son:

- Que hayan aceptado a Jesús como su salvador
- Que sean bautizados

- Que no pueden faltar más de una vez al mes o pierden su espacio

También puedes ir más allá y pedirles que te traigan una carta de recomendación hecha por alguien que los conozca mejor que tú.

27. SEGÚN EL TALENTO, LA TAREA

Cada persona cuenta con dones y talentos diferentes, y cuando estás en el proceso de selección de voluntarios debes tomar en cuenta cuáles son sus fortalezas y debilidades. Los *voluntarios 4x4* son siempre sensacionales pero en la mayoría de los casos conviene saber cuáles son los mejores para cada terreno, y por eso no solo es bueno que les preguntes de antemano acerca de sus habilidades sino que tengas una lista de todas las tareas involucradas en tu ministerio para que ellos mismos puedan marcar cuáles están dispuestos a hacer; de esta manera, no solo saldrán a la luz las fortalezas sino que nadie podrá sorprenderse cuando le toque hacer algo.

En el instituto online de e625 (*www.InstitutoE625.com*) te ofrecemos una introducción al liderazgo situacional precisamente para saber cómo encontrar a las personas precisas para cada tarea y cómo desarrollar la habilidad de ser flexibles en las distintas situaciones del liderazgo.

28. DELÉGALES AUTORIDAD Y NO SOLO TRABAJO

Aprender a trabajar en equipo es
el arte de los mejores líderes y es
vital para no sobrecargarte con
el ministerio mientras también
proteges tu salud espiritual.

Un error muy común en muchas
iglesias es creer que delegar
es solo cuestión de asignarle
trabajo a las personas, pero los mejores líderes saben
que el arte de delegar tiene más bien que ver con
asignarle confianza y autoridad de las personas. El
micromanagement es negativo para ti y para tus
liderados porque cansa a ambos, y si bien es cierto
que con un equipo primerizo los líderes tenemos que
asegurarnos que todos entiendan lo que se espera
de ellos, luego debe haber un punto de inflexión en
que les das la libertad incluso de equivocarse para
luego ser corregidos con amor y para buscar mejores
resultados.

En resumen: asigna tareas dándoles la libertad a tus
voluntarios de conseguir el resultado con sus ideas y
no tan solo implementando las tuyas.

29. INVIERTE EN SU ACTUALIZACIÓN

Los mejores líderes permanecen aprendiendo y lo que
sabíamos hacer hace un tiempo no necesariamente

sirve para lo que debemos hacer hoy, y por eso los mejores equipos son lo que invierten en su actualización.

Para lograr esto tienes cuatro vías clave:

- Conseguirles nuevos libros y artículos que tengan que ver con sus funciones (leer algún libro puede ser incluso un requisito para ser voluntario).

- Facilitar que vayan a algún seminario o evento especializado para los líderes de su ministerio (y decimos «facilitar» porque claro que puedes animarlos a ir, pero también puedes ayudar a que grupalmente cuenten con el dinero para hacerlo).

- Organizarles tú eventos de actualización y entrenamiento, invitando especialistas a tu iglesia para bridarles algunas conferencias.

- Patrocinarlos o al menos animarlos a tomar cursos online como los del Instituto e625 para optimizar sus ministerios.

IDEAS

para involucrar
a los padres

30. PRESÉNTALES UN PLAN ANUAL

Te guste o no, tu ministerio de preadolescentes depende de sus padres más de lo que quizás consideraste. En demasiadas iglesias hay líderes de preadolescentes frustrados porque los padres no cooperan  con sus planes, sin ponerse en los zapatos de esos padres que tienen muchas otras cosas para hacer y no pueden adivinar cuáles son los planes de la iglesia, y por eso es tan vital que al comenzar el año les presentes a esos padres un plan —e incluso un calendario— para que ellos se organicen.

Si ellos no saben que quieres hacer un campamento en julio, no te enojes porque en julio esa familia se vaya de vacaciones; si quieres ir con tus preadolescentes a una actividad especial en septiembre que requiere una buena inversión para el viaje, no te desanimes si cuando das el anuncio en agosto muchos padres encuentran que es demasiado costosa la actividad.

El fundador de e625 suele decir: «Nadie planea fracasar, pero muchos fracasan por no planear», así que planifica las fechas más importantes del año y preséntalas a los padres al comenzar las actividades del año para que las marquen en sus calendarios, y tanto la familia como tu equipo podrán trabajar de la mano.

31. TUS MEJORES ALIADOS

Por si no lo sabías, los papás de los preadolescentes a los que sirves son parte fundamental de tu ministerio, ellos son los líderes naturales que Dios les dio y tu tarea es  simplificar la tarea de ellos y trabajar a su lado en la formación espiritual de esos chicos que tienes a tu cuidado mucho menos tiempo del que tienen ellos. Que algunos de esos padres son difíciles o no se interesan o no te quieren es parte de la gran historia del liderazgo de preadolescentes de todas las geografías, pero nada de eso significa que tú no debas servirlos.

Incluir a los padres en tu plan ministerial tiene un valor estratégico tremendo tanto para tu misión como para tus actividades así que sírvelos una y otra vez, sírvelos y mantenlos en el radar a la hora de planificar tus actividades y calendario para que realmente se conviertan en tus mejores aliados, y procura que tú y tu equipo también sean los aliados que ellos tengan a su disposición para el crecimiento espiritual de sus hijos.

32. SÍRVELOS

Todos los padres queremos ser mejores padres, y en muchas iglesias no hay demasiada ayuda práctica disponible más que algún sermón suelto que muchas veces solo agrega culpa. Algunos padres se sienten incómodos con la posibilidad de que alguien les enseñe a ser mejores padres justamente por temor a que los hagan sentir culpables o por cargar con el prejuicio de que, si sus padres —que no sabían demasiado— los sacaron «buenos» a ellos, entonces ya tienen el modelo de cómo hacerlo.

Por otro lado, si prestas atención, usualmente los padres que compran los libros para padres son mamás que tienen las cosas «más en orden», así que la decisión de ayudar a los padres debe estar

primero revestida de gracia. El propósito es ayudarles con una certera cuota de realismo, porque no es fácil ser padres y ninguna familia es perfecta. Dejando esto en claro, ahora sí podemos al menos una vez al año organizar una conferencia para padres con especialistas que los ayuden a entender a sus hijos e implementar pasos prácticos que los acompañen en la crianza de los hijos.

En *e625.com* estamos comprometidos a ayudarte con esto y tenemos un seminario que puedes llevar a tu congregación especialmente diseñado para facilitar el aprendizaje de los padres, y gracias a Dios hay otras organizaciones que también pueden ayudarte con esta idea.

Más allá de una conferencia anual también puedes regalarles un libro (cuando sea su aniversario, por ejemplo) o puedes ofrecerles algún curso si tienes a algún profesional accesible. Lo que no te recomendamos es dar una conferencia para padres si no eres padre, por más que seguramente tengas cosas que enseñarles a esos padres acerca de sus hijos. Ser un facilitador y no un sabelotodo es tu mejor estrategia.

33. ESCRÍBELES UNA CARTA

En muchas congregaciones hay familias cuyos preadolescentes van a las reuniones generales pero no van a las reuniones de su edad, y si te acercas a ellos el comentario es que lo haces precisamente porque no quieren ir. Pero debes saber que hay otra razón, y es que esos papás no creen que sea importante que sus hijos vayan y por eso les dan la opción de no interesarse, así que no solamente debes atraer a los

hijos sino que también debes atraer a los padres.

¿Cómo lograr interesar a los padres? Escríbeles una carta personalizada con sus nombres (averígualos) explicando los beneficios de que sus hijos participen en el ministerio de preadolescentes. En *www.e625.com* encontrarás una carta modelo que puedes copiar y pegar, pero sería bueno que también la personalices con tu información (encontrarás la carta en la web con el nombre «Beneficios de que los adolescentes sean parte de grupo de la iglesia»).

Firma la carta asegurando tu compromiso de trabajar en el crecimiento espiritual de su hijo o hija y ofreciendo que, si tienen alguna pregunta, con mucho gusto estás disponible para responderles cualquier duda.

34. PROMOTORES

En la mayoría de los ministerios lo usual al publicitar eventos es que los participantes inviten a otros, pero en tu caso es vital lograr que algunos padres inviten a otros padres a llevar a sus preadolescentes.

Realiza algunos videos cortos con padres recordando los beneficios de que los preadolescentes participen.

A los ojos de los padres, una cosa es que tú hables positivamente de tu ministerio y otra mucho más poderosa es que vean a otros padres hacerlo (claro que puedes hacer otros videos hablándoles directamente a los preadolescentes, pero recuerda que los padres son también tus «clientes»).

Pasa alguno de estos videos en la reunión general para que otros papás se motiven a ser asertivos en la importancia de que sus hijos sean parte del programa de preadolescentes de la iglesia. Papá y mamá son quienes pagan el campamento y cualquier otra actividad o recursos, así que cuando promocionas eventos y actividades para los preadolescentes piensa también en por qué ellos quieren hacer esa inversión.

35. CONSEJEROS, COCINEROS Y TAXISTAS

Los ministerios de adolescentes son mucho más eficaces y atractivos cuando involucran a padres que modelen madurez, protejan al equipo de líderes y promocionen con otros padres el hecho de que sus hijos deben participar.

Apóyate en dos o tres matrimonios padres de preadolescentes para tener un equipo activo de consejería y que puedan transportar a otros preadolescentes cuando sus padres no puedan traerlos o llevarlos a alguna actividad; puedes también incluir a  varios de ellos en tareas como cocina, seguridad y limpieza, y muchos de ellos estarán muy agradecidos de hacerlo por lo que el ministerio hace por sus hijos, además de estar ávidos de trabajar para el Señor.

Un par de padres en la puerta de tu salón de clases puede brindar mayor seguridad, unos en la cocina pueden mejorar el menú de cada reunión —como también abaratar los costos de la comida— y otros sentados al fondo de la reunión pueden asegurarte de que tienes más ojos viendo lo que en verdad sucede en la reunión.

36. LA REUNIÓN DE PADRES

Así como en los colegios y escuelas de mayor categoría las reuniones para padres son frecuentes, en tu ministerio te conviene tener reuniones con los padres. Aprovecha la oportunidad no solo para comunicar anuncios sino para ayudarlos a mejorar como padres;

no los juzgues ni los retes, tú estás para alentarlos en la dura tarea de ser padres. Un especialista o un padre con hijos ya en edad universitaria pueden ayudarte con una charla a corazón abierto.

Muchos padres transitan esta etapa con mucha dificultad y necesitan el acompañamiento y apoyo de otros, por eso es bueno que puedan conocer a los líderes de sus hijos y también les ayuda conocerse entre sí. Facilitar la relación de los padres cuyos hijos son amigos puede ayudar mucho a mejorar el cuidado de ellos y tú puedes romper el hielo para que se compartan números de teléfono y se hagan amigos entre ellos.

37. MADRES O PADRES SOLOS

Los padres o madres que están solos tiene doble trabajo con la educación de sus hijos preadolescentes, así que siempre es una buena idea ser sensible a sus necesidades. Particularmente, siempre es bueno cuando en las iglesias los conectamos con otros padres para facilitarles un mejor bloque de contención para sus hijos.

La ciencia lo confirma: los hijos que se crían sin madre necesitan ver de cerca modelos maternales positivos y lo mismo sucede cuando hay padres ausentes, así que si notas que algún preadolescente no tiene madre o madre asegúrate de que cuente con padrinos y mentores o «tíos» espirituales que compensen la ausencia de esa figura, al menos de manera simbólica. Es decir, nunca será lo mismo que tenerlos en casa pero al menos es importante que conozcan de cerca alguna figura de ese estilo.

38. LA ESCUELA PARA PADRES

Los padres están pasando la preadolescencia con sus hijos, y aunque nadie llega a la paternidad con un manual abajo del brazo hay técnicas y principios para aprender y compartir, y por eso es una buena idea que tu ministerio facilite una escuela para padres. Ellos te agradecerán toda la ayuda que puedas darles, y esa ayuda no tiene por qué ser solamente de índole espiritual o bíblica (de hecho, esa es una oportunidad evangelística ya que los padres no cristianos están muy bien dispuestos a recibir ayuda no religiosa para ser mejores papás).

Haz equipo con tu pastor y provean principios bíblicos durante la reunión general; provee también algunas veces al año algunos seminarios para padres de preadolescentes y finalmente propicia grupos pequeños para padres de preadolescentes donde provean formación espiritual y apoyo mutuo.

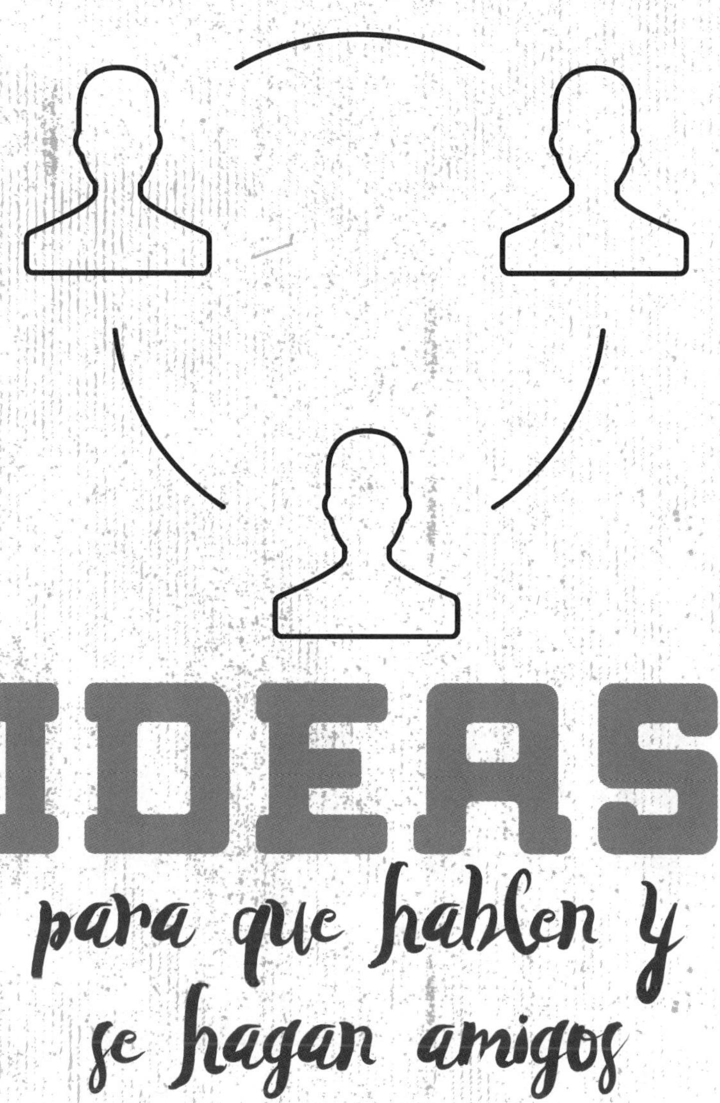

IDEAS
para que hablen y
se hagan amigos

39. ENTREGA PREGUNTAS ESCRITAS

Escribe varias tarjetas con preguntas fáciles de contestar y que no requieran ponerlos en un compromiso o juicio, como «Por la mañana, ¿prefieres algo dulce o salado?», «¿Preferirías no bañarte por una semana o no lavarte los dientes?», «¿Preferirías vivir en la playa o en la montaña?», «¿Qué  superpoder te gustaría tener y por qué?» o «Si tuvieras que elegir vestir siempre un mismo color, ¿cuál sería?».

Este estilo de preguntas no es amenazante porque no hay manera de responderlas mal y son un buen disparador de conversaciones, que con los preadolescentes pueden ser realmente hilarantes.

40. PREGUNTAS AL OTRO EQUIPO

Divide a las chicas por un lado y a los varones por el otro, y cada grupo deberá escribir una pregunta por persona del otro equipo (debes supervisarlas). Luego, el primer equipo entregará las preguntas y el segundo equipo escogerá el orden de quién responderá antes de que sepan cuál es la pregunta (y no puede repetirse la persona). Pueden ser preguntas personales, como «¿Cuántos hermanos/as tienes?», «¿Cuál es tu sabor favorito de helado?» o «¿Qué prefieres?» (y que esta última tenga dos opciones).

41. LA ENTREVISTA

El día de su cumpleaños, el/la preadolescente pasará al frente y deberá responder cuatro preguntas personales (al estilo de las

preguntas de los puntos anteriores). Además, siempre pregúntale la edad, escuela a la que asiste, con quién vive, cuál es su pasatiempo favorito y algunas otras que se te ocurra que sean relevantes. Ten preparado un pequeño regalo de cumpleaños.

42. LA LISTA

Asegúrate de que todos tienen algo para escribir y reparte una hoja que tenga nueve cuadros, donde en cada cuadro colocarás una característica que tienen que encontrar de alguien más en el grupo. Los cuadros pueden decir lo siguiente: El más alto de la clase - Alguien que usa anteojos o lentes de contacto - Alguien con una prenda rosada o similar - Alguien con el cabello recogido - Alguien de quien no sepas su apellido - Alguien que cumple años en el mismo mes que tú - Alguien que practique un deporte - Alguien a quien le gusta leer - El que tenga más hermanos y hermanas - Alguien que sea hijo/a único/a - Alguien que tenga una mancha de nacimiento, etc. A esa hoja puedes sacarle fotocopias según la cantidad de preadolescentes que tengas o hacer todas las copias a mano.

43. ¿DE QUIÉN SE TRATA?

Pídele a los padres o a los mejores amigos que te compartan dos características curiosas de tus alumnos y escríbelas en una tarjeta, colocando detrás el nombre del preadolescente. Pega las tarjetas en una pared del lado de las características y sin que se vean los nombres, y pídeles que adivinen de quién se trata cada una (pueden hacer hasta tres preguntas por compañero/a para tratar de adivinar). También puedes hacer que ellos mismos escriban algo de sí mismos y que luego los demás traten de adivinar de quién se trata.

44. TUS PREFERIDOS

Para esta dinámica puedes separarlos en chicas y chicos o mantenerlos mezclados. Pídeles que completen rápidamente un cuestionario con preguntas como las siguientes: mes de

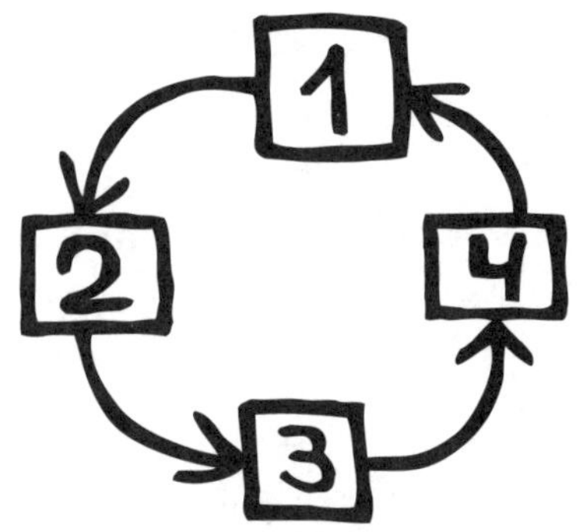

cumpleaños, color preferido, ciudad que les gustaría conocer en su país, nombre preferido, tipo de música preferida, artista preferido/a, caricatura (dibujo animado) preferida, animal preferido, marca preferida, comida preferida, etc. Luego entrégales diez porotos (frijoles), monedas o botones a cada uno, y deberán ir por el salón tratando de adivinar la respuesta de los demás: si adivinan, la persona debe entregarles uno de sus porotos, y el alumno con más porotos al finalizar el tiempo pautado recibe un premio. Puede ser que haya algún empate; en ese caso, dales a los que empataron más tiempo, y el primero que gane un poroto más será el ganador final.

45. MIS ADULTOS DIJERON

Al menos una clase antes de esta actividad (o quizás dos o tres semanas antes para tener tiempo de recordarles) pídeles a tus alumnos que respondan preguntas como las siguientes: «Los padres piensan que el mejor castigo es...», «El mejor dibujo animado de cuando era pequeño/a era...», «Lo que más les gusta a los abuelos es…», «La mejor película de esta época es…», «El mejor videojuego es…», «Por la mañana desayuno…», etc. Una vez que recolectas la información ordénala según la cantidad de veces que se repitió; la que más repeticiones tenga es la primera en popularidad, y así con las demás (solo escoge las cinco más repetidas).

Luego, en la clase dividirás a los alumnos en grupos y les darás la opción de adivinar las respuestas más populares a cada pregunta: la respuesta más popular tiene 10 puntos, la segunda 8 puntos, la tercera 6 puntos, la cuarta 4 puntos y la quinta 2 puntos. Comienza una vez con cada grupo, teniendo cada grupo una oportunidad de responder (pueden consultarse y decidir cuál será la respuesta durante 30 segundos máximo). Se suma la cantidad de puntos de las respuestas que hayan adivinado y si no adivinan ninguna, seguirá el siguiente grupo. El grupo con más puntos es el ganador.

46. VERDES Y ROJOS

Con témperas de colores pídeles a tus alumnos que se pinten la mano derecha de color rojo y la izquierda de color verde (lo suficiente como para que se seque rápido). Siéntalos en círculo —no ordenadamente— y luego haz preguntas desde lo más

simple a lo más complejo, las que podrán responderse por sí o por no: deberán levantar la mano verde para responder «sí» y la mano roja para responder «no».

Ejemplos: Naciste en el año XXXX - Tienes hermanos - Tienes hermanas - Practicas deportes - Te gusta leer - Prefieres los videojuegos - Te gusta la escuela - Te gusta cantar - Reprobaste una o más materias alguna vez - Tienes novia/o - Tocas un instrumento - Alguna vez te hicieron *bullying* - Alguna vez hiciste *bullying* - Te cuesta hacer amigos - Te has sentido triste en la semana, etc.

Si crees que mantenerlos a todos mirando hacia adelante es mejor para que las repuestas sean más privadas también es una buena opción, y puedes destacar las repuestas contando cuántos rojos o cuántos verdes se levantaron.

IDEAS

para juegos

47. DIVERTIRTE ES COSA SERIA

Una buena noticia es que el ministerio de preadolescentes es divertido, o al menos sería un pecado que no lo fuera. A su edad, los preadolescentes empiezan a saborear actividades que antes no tenían la

oportunidad de disfrutar —al menos sin sus padres— y es una buena idea aprovecharlas: salidas a bolos, *laser tag*, *go-karts*, patinaje o patinetas, salir en bicicleta con amigos y otras cosas que antes sus papás no les daban permiso de realizar ahora son toda una novedad al hacerlas con otros chicos de su edad, y como tu función no es exclusivamente hacer reuniones sino hacer discípulos... pues, piensa *fuera de la caja* de tu templo.

Y claro, piensa en traer diversión también a las reuniones. Jugar es fundamental, y es increíblemente superficial considerarlo superficial porque a partir del juego exploramos roles, aprendemos a convivir, competir sanamente, colaborar y dar lo mejor de nosotros. Usa juegos para enseñar, romper el hielo, iniciar y fortalecer amistades y facilitar identidad y pertenencia. Contrario a lo que se ha predicado en algunos sectores religiosos, divertirse no es pecado, lo que sí es pecado es nunca divertirse y más en el ministerio con preadolescentes, así que junta al equipo y hablen seriamente de cómo asegurarse de que tu ministerio es divertido y de incorporar los juegos de los preadolescentes a tus propuestas ministeriales.

48. MANOS COMPARTIDAS

Divídelos en grupos de tres o cuatro alumnos y dales un juego de armar o rompecabezas infantil por persona (puede ser impreso y recortado en partes). Átales las manos con el que tienen al lado desde las muñecas, con las palmas hacia afuera. Mezcla todas las partes de todos los jugadores de cada equipo, coloca sus partes en el centro y entre todos deben colaborativamente armar sus rompecabezas. El equipo que termina primero gana.

Pídele a cada alumno que escoja un animal que les guste, que lo escriban en un papel junto a su nombre y que te lo entreguen. Luego, cada uno con un papel y un lápiz en mano deberán ir por el salón tratando de adivinar qué animal escogió el resto de sus compañeros, pero el truco está en que deben hacerlo sin hablar y solo con tres gestos. Una vez que recibieron las pistas, escriben el nombre de la persona y el animal que creen que es. Terminado el tiempo (unos 5 minutos, o más dependiendo cómo veas que se desarrolla la actividad), revela los nombres y sus animales. El que haya adivinado más nombres es el que gana.

49. JUMANJI

Seguramente alguna vez viste la película *Jumanji,* y si aún no lo hiciste mírala, porque tus preadolescentes casi seguro que sí la vieron. La película está basada en un juego de mesa donde los jugadores quedan atrapados en el mismo juego pasando por todo tipo de aventuras, riesgos y consecuencias y la única manera de salir es terminando el juego. Uno de los puntos de la trama es que los jugadores se enfrentan a situaciones intensas y de peligro que los llevan a descubrir sus fortalezas y debilidades, y la preadolescencia es un Jumanji en versión *10.0* porque ellos justamente comienzan a preguntarse cuáles son sus habilidades para el juego de la vida.

Si se vende en las jugueterías de tu ciudad, consíguete el juego de mesa de *Jumanji* o fabrícalo con papeles de colores y cartón. Decora el salón de reunión cpn temática *Jumanji* y marca un mapa donde tengan un desafío que superar: los desafíos pueden tener que ver con versículos bíblicos y puedes incluir un juego físico, otro mental y otro artístico (cantar o bailar) en los distintos desafíos, así lograrás que distintos preadolescentes se luzcan en cada uno.

50. ¡A MOVER EL ESQUELETO!

Incorpora movimiento en tus reuniones. Los preadolescentes tienen una fuente de energía inagotable y pretender tenerlos quietos durante toda una reunión es bastante ingenuo e innecesario. Usa juegos de movimiento para espacios reducidos, es decir, que tengan que cambiarse de lugar o hacer algunos movimientos con sus extremidades pero sin la necesidad de correr largas distancias.

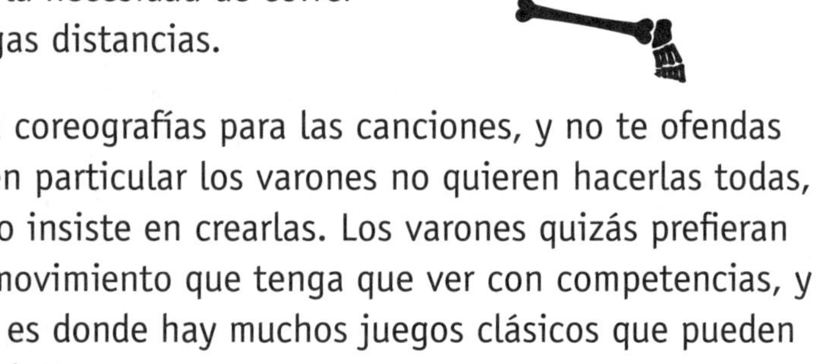

Usa coreografías para las canciones, y no te ofendas si en particular los varones no quieren hacerlas todas, pero insiste en crearlas. Los varones quizás prefieran el movimiento que tenga que ver con competencias, y ahí es donde hay muchos juegos clásicos que pueden ayudarte.

51. EL LABERINTO

Con cinta adhesiva haz un laberinto en el suelo. Divide a los preadolescentes en 2 o 3 grupos, y a uno de cada grupo le tocará pasar caminando por el laberinto, pero con los ojos vendados. Los demás del grupo estarán dándole instrucciones sobre qué tanto caminar y cuándo moverse a la derecha o la izquierda. Tú como maestro puedes decidir cómo ganar la actividad: el ganador puede ser el que termine el laberinto más rápido o el primero que lo termina sin pisar la cinta adhesiva, por ejemplo. Puedes utilizar esta actividad para

ejemplificar cómo escuchar la voz de Dios y buscar su dirección.

52. TOCADOS EN CÁMARA LENTA

Esta es otra versión del juego más famoso del mundo: es una simple *tocada*, *mancha*, *El encantado*, *Congelado* o como lo llamen según de donde seas. La idea es que uno de los jugadores debe correr a los demás para tocarlos y cuando toca a uno este otro tiene que correr a los demás, y así sucesivamente hasta que uno de los jugadores es tocado tres veces y recibe un castigo.

Hay miles de variaciones, pero esta es así: al sonar el silbato todo debe hacerse en cámara lenta, el correr, el hablar, el reírse, todo, y el que no lo hace pierde. Practícalo un poco antes de jugarlo, pero pronto comenzarán a hacer todos los movimientos bien exagerados y es muy divertido.

Asegúrate de que todo sea hecho en cámara lenta: si alguien no lo hace así, debes penarlo de alguna manera. Se puede jugar en cámara lenta todo el tiempo o puedes hacer sonar el silbato para comenzar y para terminar los períodos de cámara lenta. Limita el tamaño del área de juego así todos podrán ser en algún momento el que tiene que tocar a los demás.

53. LA OTRA MITAD

Necesitas:

- Tarjetas o etiquetas para nombres

- Algo para escribir
- Tijeras

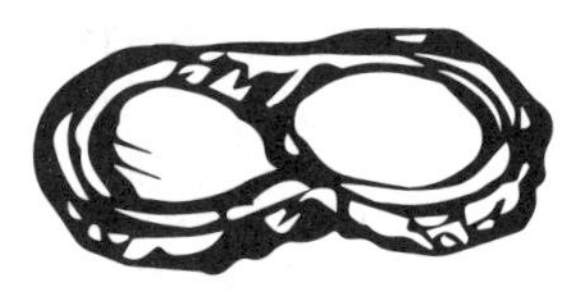

Este juego funciona mejor con un grupo mediano. Antes de la reunión, escribe el nombre de un animal en cada etiqueta y córtala en dos piezas (haz diferentes tipos de cortes como zigzag, curvas, etc.).

Cuando los preadolescentes lleguen, haz que cada uno seleccione una pieza y que encuentren la otra mitad de su etiqueta. Para hacerlo más divertido puedes agregar nombres de superhéroes o de cosas que hagan sonidos particulares, y una vez que se encuentren con su compañero pídeles que hagan el sonido del animal o representen al personaje que les tocó.

54. NO MÁS ZOMBIS

Además de un juego, esta es una actividad para interrumpir una reunión sin aviso y dejar un recuerdo imborrable para ellos además de dejar un mensaje inolvidable grabado en sus mentes: estábamos muertos, hasta que Cristo vino al mundo y, con su sangre como cura, nos dio vida. «Si alguno está en Cristo, es una nueva creación. ¡Lo viejo ha pasado, ha llegado ya lo nuevo!» (2 Corintios 5:17).

Tu equipo de *zombis*... perdón; tu equipo de líderes puede disfrazarse y entrar al salón luego de las canciones o unos minutos después de haber comenzado la reunión y explicar que escondiste un antídoto contra los zombis que los preadolescentes deben buscar. El «antídoto» puede ser una botella de Coca Cola a la que le cambiaste la etiqueta, pero el punto es que deben buscarla sin ser atrapados por los muertos vivos que andarán por el lugar al acecho de sus cerebros preadolescentes. El juego puede ser una búsqueda del tesoro muy simple encontrando

primero algunos textos de la Palabra de Dios acerca del tema (los que previamente escondiste por el salón), o también puede ser parte de los códigos secretos que compartas en tu mensaje o en los videos que preparaste para la ocasión.

Te hacemos la advertencia de que algún preadolescente podría asustarse, pero no conocemos a nadie que se haya muerto por un poquito de miedo.

55. EL GRAN JUEGO

El mundo de los preadolescentes tiene a varios videojuegos como protagonistas, y siempre es una buena idea que les consultes cuál es el más popular entre ellos en ese momento. Una vez establecido cuál es el ideal, sorpréndelos al llegar a una clase con una gran pantalla o proyector y una consola para que puedan jugar en grande, a la vista de todos y por equipos. Procura que el juego elegido sea de esos que al menos permiten cuatro participantes en simultáneo, porque

el punto no es que algunos se destaquen sino que muchos puedan participar.

Según el juego, establece si van a jugar por cronómetro (no más de 2 minutos cada uno) o por vidas o etapa y divide los equipos; en esta ocasión, te recomendamos no dividirlos en varones y mujeres sino en 4 equipos mixtos y que pasen de fase por eliminación directa (haz un gran teatro con el sorteo de quién comienza jugando contra quién para ver cuál pasa a la final y cuál se queda en el tercer y cuarto puesto).

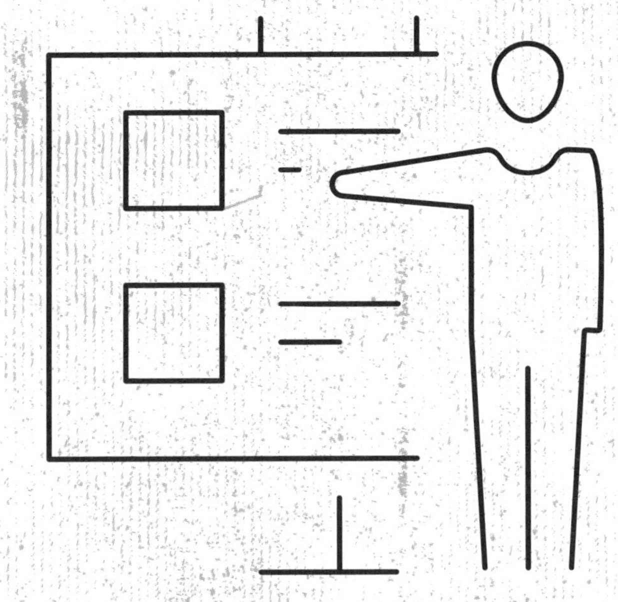

IDEAS

para lecciones

56. TRATA TEMAS EXTENSOS EN POSTAS SEPARADAS

Los preadolescentes son inquietos y necesitan moverse de un lugar a otro, así que si vas a tratar un tema que es extenso puede ser muy útil «descomponerlo» en partes y asignarle a cada una de ellas un espacio distinto. En cada espacio los chicos encontrarán  un subtema diferente, una decoración diferente, y hasta puedes tener líderes vestidos en forma diferente (obviamente, esto puede hacerse en salones diferentes del edificio de la iglesia o puedes hacerlo incluso en las cuatro esquinas de tu salón).

De acuerdo con la cantidad que sea, el grupo puede recorrer las postas yendo todos juntos o puedes armar grupos más pequeños y que cada uno de esos subgrupos vaya rotando cada 15 minutos. Esta dinámica evita la dispersión, favorece el enfoque y la concentración y añade el factor sorpresa por la incertidumbre de lo que habrá en la siguiente posta.

57. ARMA UN EQUIPO TECNOLÓGICO

La tecnología siempre es un aliado cuando se trata del ministerio con preadolescentes, y aunque tu ministerio sea pequeño puedes tener un departamento técnico con al menos un padre y un par de tus preadolescentes encargados de que la tecnología esté lista (sonido, luces, computadora y proyección si tienes). Si tener estas cosas te parece un reto económico, revisa más abajo ideas para conseguir fondos y ayuda económica porque no es imposible

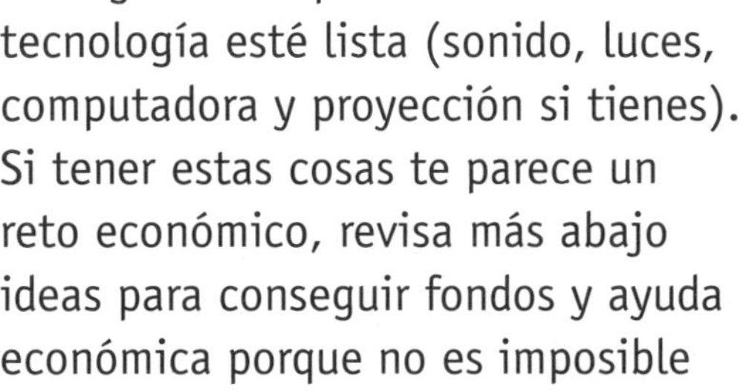

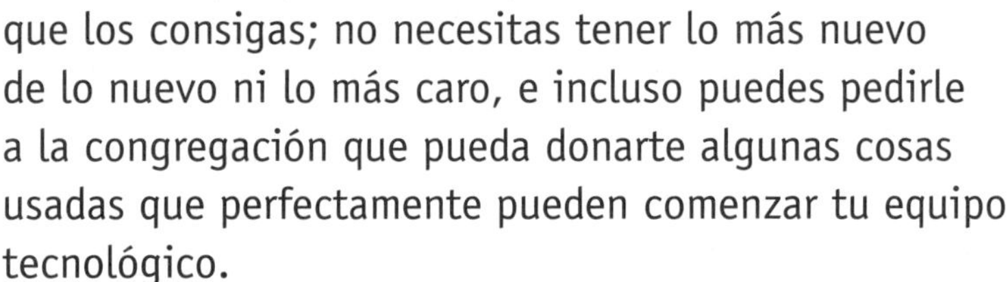

que los consigas; no necesitas tener lo más nuevo de lo nuevo ni lo más caro, e incluso puedes pedirle a la congregación que pueda donarte algunas cosas usadas que perfectamente pueden comenzar tu equipo tecnológico.

El asignarles a algunos preadolescentes la tarea de tener todo listo asegurará que estén involucrados y algunos de ellos pueden ir la milla extra en ayudarte a que el ministerio se mantenga actualizado. Aun el salón más pequeño puede tener una ambientación moderna y un par de detalles que le digan a tus preadolescentes que te tomas en serio que estén allí, y tener proyección te ayudará a que tus clases sean visuales y que puedas hacer uso de un montón de herramientas ministeriales extras para la educación bíblica.

58. LA BIBLIA ES MÁS QUE UN VERSÍCULO SUELTO

Mientras crece nuestro acceso a la tecnología va haciéndose más normal acceder a la Biblia en los teléfonos y tener los versículos en una pantalla, y obviamente la tecnología es nuestra  amiga pero un efecto colateral de no ver la Biblia en papel es fragmentarla en frasecitas cortas para la ocasión como si fuera un horóscopo de ideas inspiradoras sueltas. Leer la Biblia con tecnología está muy bien pero asegúrate de tener Biblias en papel en la clase para que busquen y se acostumbren a acceder a ella, y también ten muy presente que tus clases tienen que estar fundamentadas en la Biblia, por lo que entonces es importante que haya suficiente sostén bíblico para lo que estés enseñando desde distintas porciones de la Escritura.

Si miras una clase o predicación y el único sostén bíblico fue un versículo suelto, entonces sospecha de lo que está enseñándose; la Biblia es el consejo completo de Dios para la humanidad y ninguna opinión humana, por más popular que sea, tiene el poder de transformar al ser humano como la Palabra de Dios.

59. DE LAS HISTORIAS A LOS PRINCIPIOS

Mientras tus preadolescentes eran niños aprendieron historias de la Biblia con una perspectiva mental de retención de datos, que es a lo que

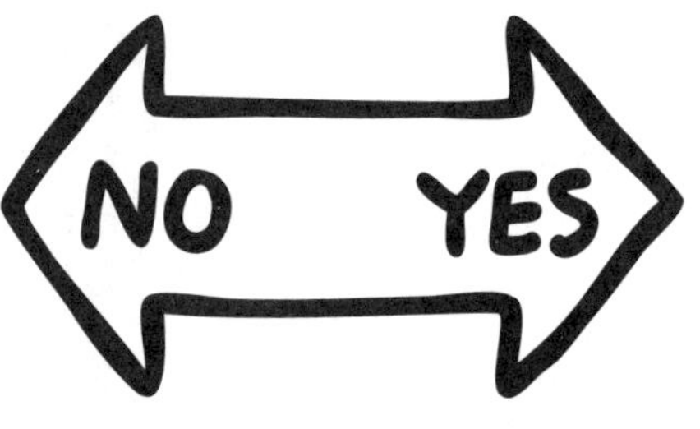

se refiere el *pensamiento concreto*. Y claro que eso puede continuar, pero ahora el punto de las lecciones bíblicas debe pasar de preguntas como «¿Quién era Moisés o qué hizo?» a «¿Por qué Moisés primero tuvo miedo de la zarza ardiendo?» y «¿Qué hubieran sentido ustedes y por qué?» para hablar de la fe y la confianza que podemos tener en el Señor.

La preadolescencia es una buena etapa para hacer un acercamiento temático a las lecciones bíblicas pero el cambio de énfasis debe estar sobre todo puesto en el tipo de preguntas (revisa los contenidos de lecciones bíblicas de *www.e625.com/contenidopremium* para más información).

60. DALES MATERIAL COMPLEMENTARIO A LOS PADRES

Una oportunidad perdida por la gran mayoría de las iglesias es conectar lo que se enseña en los ministerios de nuevas generaciones con el hogar. Muchísimos padres cristianos y bien involucrados con la iglesia no tienen la

menor idea de qué aprenden sus hijos en sus clases, y ni hablar entonces de lo que sucede con los padres no cristianos. ¿Cuál es la solución a esto? Más allá de las ideas que vienen en este libro acerca de cómo involucrar a los padres, una buena herramienta es darles a tus preadolescentes una hoja semanal con al menos una lectura y algunas preguntas inductivas para que hagan con sus padres.

Obviamente, esa hoja puede estar diseñada para que les resulte atractiva a los hijos pero lo más importante es que esté apuntada a los padres, y lo ideal no es dárselas a los hijos sin cuidado sino dársela directamente a los padres cuando van a buscar a sus hijos a sus clases (algo que todavía sucede con la mayoría de los preadolescentes). Este no es un plan para probar una vez y ver cuántos hacen caso sino un hábito con el que debe insistirse hasta que se instale como algo normal que hace tu ministerio y que los padres ya esperan.

Con esta idea, no solo ayudarás a tus preadolescentes a recordar mejor lo que hablaron en sus reuniones sino a que sus padres se aseguren de tener un pequeño tiempo de altar familiar y que estén interesados en tu ministerio (muchas de las lecciones del servicio de lecciones bíblicas premium de *e625.com* están directamente desarrolladas con complementos para entregarles a los padres).

61. ACCIÓN SEMANAL

Así como es bueno que proveas una hoja de continuidad para los padres, es recomendable que a tus estudiantes les asignes algo específico para hacer esa semana como consecuencia de su reunión o clase, y esa actividad puede estar ligada a la hoja de acompañamiento familiar.

El tener algo específico para hacer es parte fundamental para que tu esfuerzo vaya de la información a la formación. Las tareas asignadas deben ser muy simples, como llamar por teléfono a los abuelos o hacer una obra de arte con un versículo, pero que tengan algo que hacer les hará recordar lo hablado e ir de las ideas a la acción para llegar de la clase a la aplicación (y te insistimos con que la acción debe ser simple, visible, medible y fácil de reportar o mostrar).

62. QUE ENSEÑEN ELLOS

Todo preadolescente tiene la capacidad de enseñar y liderar; ellos necesitan ser desafiados, y para nosotros es una gran oportunidad ministerial involucrarlos en la enseñanza antes de que lleguen a la inseguridad más propia de la adolescencia.

Siempre es bueno utilizar diferentes actividades o situaciones que les provoquen desafío, como por ejemplo dirigir una oración en público, dirigir alguna actividad o juego, y sobre todo enseñar una lección bíblica. No los subestimes y vas a sorprenderte. Asígnales una historia bíblica y que ellos preparan la clase; déjalos probar, ser creativos y hasta equivocarse, ya que el hecho de que lo intenten es todavía más importante que lo que dicen. Tú estás allí para luego conducir cualquier error «doctrinal» a buen puerto.

Claro que, como con otras ideas en este libro, esta idea no es para abusarla repitiéndola todo el tiempo pero úsala cada tanto o un mes al año para darle oportunidad a varios, y verás cómo ellos están dispuestos a escucharse entre ellos. Y de hecho, más allá de tener una clase diferente, estarás ayudándolos a imaginarse involucrados en la iglesia en los siguientes años.

63. USA LAS HISTORIAS ESCONDIDAS

Si hay algo que entusiasma a los preadolescentes es saber lo que los más pequeños no saben, y si tus estudiantes se criaron en la iglesia llegó la hora de que esquives por un rato las historias de David y Goliat, Daniel en el foso de los leones, Jonás y la gran merluza y otras que ya se saben.

Claro que las historias más conocidas son maravillosas y en cada nueva etapa de la vida pueden cobrar un nuevo significado, pero particularmente en la preadolescencia estamos interesados en descubrir lo que los niños no saben, así que es tiempo de explorar historias mucho menos conocidas pero igual de emocionantes.

Incluso, búscate algunas escenas divertidas como David y los prepucios en 1 Samuel 18, la burra que habló en Números 22 o el enigma del león y la miel en Jueces 14 para hacerlos pensar, por mencionar algunas.

64. EXPLORA LAS DISCIPLINAS ESPIRITUALES

Todos los creyentes maduros deseamos crecer en nuestra vida cristiana y cuanto antes le agarremos el gusto a ese deseo más posibilidades tendremos de madurar.

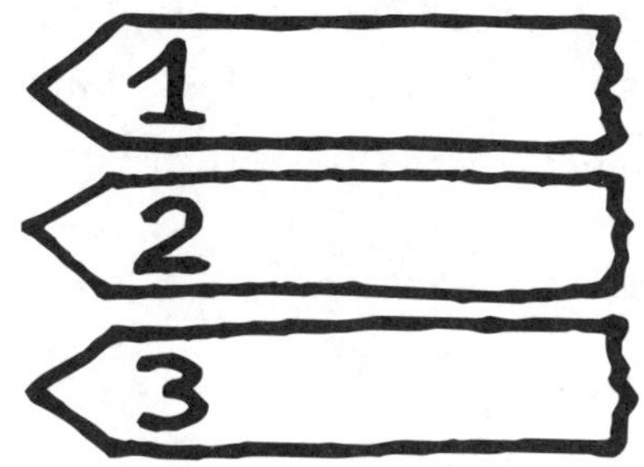

Para hacerlo, es vital comenzar a involucrarnos con las disciplinas espirituales: las clásicas son la oración y el estudio de la Palabra de Dios, pero también podemos comenzar a explorar el ayuno, la meditación y la comunión.

Tómate un tiempo para indagar personalmente en estas disciplinas y reflexiona cómo puedes explicárselas y comenzar a practicarlas con tus preadolescentes. No consideres que están demasiado inmaduros para hacerlo porque el desarrollo de su pensamiento abstracto les permitirá imaginar su resultado.

Crea actividades y lecciones específicas que lleven a los preadolescentes a entender lo que es el ayuno, el orar, el leer la Palabra, el adorar y el ofrendar. En cada reunión puedes utilizar un momento para fortalecer esas disciplinas espirituales o puedes establecer un día para practicarlas con el ministerio. Algunos de tus estudiantes han escuchado de ellas desde pequeños pero no puedes asumir que saben lo que significa y entienden sus por qué y para qué porque, si somos sinceros, demasiados adultos de nuestras iglesias no saben para qué son ni cómo funcionan en realidad.

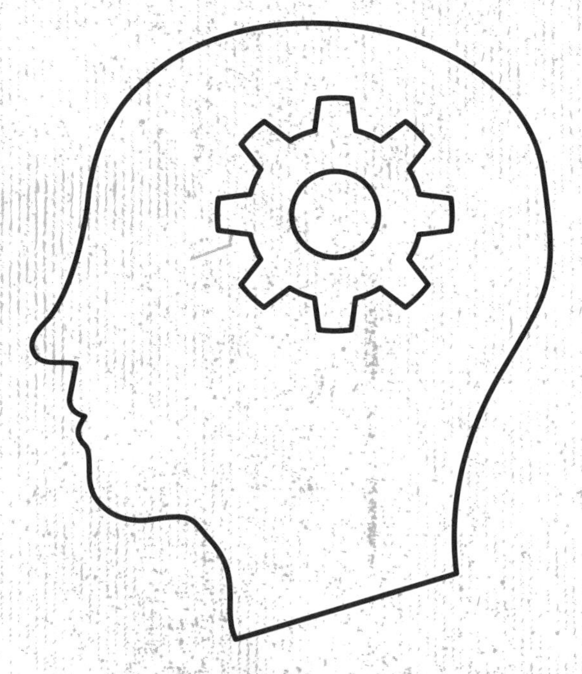

IDEAS

para recordar nombres

65. REPÍTELOS RÁPIDO Y VARIAS VECES

Todos sabemos el nombre de las personas que son importantes para nosotros, y si de alguien no sabemos el nombre será porque no es tan importante; eso es lo que les comunicamos a los preadolescentes cuando no sabemos cómo se llaman.

Y claro, siempre hay excusas de por qué no nos sabemos el nombre de alguien, pero son excusas. Si deseamos ser buenos líderes le pondremos atención a aprendernos información tan vital acerca de las personas a las que deseamos afectar, y una novedad para muchos acerca de este tema es que hay técnicas y trucos que podemos usar para aprendernos los nombres de la gente, como por ejemplo repetir el nombre rápidamente una vez que te lo digan y seguir usando el nombre con frecuencia durante el resto de la conversación. Haz una pregunta usando el nombre («María, ¿quién te trajo hoy a la reunión?») y repítelo una vez más al despedirte. Quizás la primera vez te parezca raro repetir el nombre tan seguido, pero seguramente te ayudará a retenerlo.

66. VIDEOS DE PRESENTACIÓN

Tómate el trabajo de que cada preadolescente que tengas y que vaya llegando a tu ministerio haga un video en su celular diciendo su nombre completo, su pasatiempo favorito y su escuela. Dales la pauta de que el video debe

durar menos de 30 segundos (les ayudará a que no se asusten). También puedes hacer uno más «espiritual» y que cada preadolescente diga su nombre y algo por lo que está agradecido con Dios, pero el punto es que digan su nombre al video; esto ayudará a que todo el equipo de voluntarios identifique al preadolescente, su nombre y un pequeño detalle de conexión acerca de él o ella. Procura dejarlo también en las redes sociales para que las personas que vayan y busquen en el grupo o en la *fan page* de tu grupo puedan verlos y asociar rostros y nombres.

67. CAMBIA NOMBRES CON PROPÓSITO

Hay nombres que son más fáciles de recordar que otros y los más fáciles de todos suelen ser lo que son diferentes pero fáciles de pronunciar, y por eso no es una mala idea crear apodos y abreviaciones positivas; además, estos nuevos nombres que suelen ser más fáciles de recordar tienen el beneficio de generar confianza y cercanía. En muchos países, por ejemplo, se le dice *Pancho* a los Franciscos o *Chelo* a los Marcelos, y si te inventas nombres creativos será todavía más fácil que todos identifiquen a esa persona (solo asegúrate de que la persona sienta que es un nombre cariñoso y que le guste). Y atención: esta idea no es para aplicar con los que ya son populares en tu grupo sino con los que quieres generar confianza y ayudar a que todos se aprendan sus nombres.

68. TRABAJA EN EQUIPO PARA RECORDARLOS

Imprime fotos de los chicos nuevos, muéstralas en las reuniones de líderes y premia a aquellos que se acuerdan el nombre que corresponde a cada

foto. Más allá de los premios, será un buen ejercicio para asociar los rostros con los nombres (siempre hay algunos a quienes les cuesta más). Añade otros datos de los chicos para forjar o reforzar la red conceptual que se tenga de ellos; pégalos en una pared durante la reunión de equipo para orar por ellos, pero sácalos luego para que nadie los vea y esos preadolescentes no se sientan observados.

69. REPARTE NOMBRES

Que todos los
preadolescentes escriban
su nombre y apellido en
un papel de cartón (un
papel que no sea tan
fácil de perder o romper)
al llegar a la reunión.
Luego de recogerlos

y comenzar la reunión, en medio de la reunión, la
alabanza o la lección puedes repartir los papelitos a
personas diferentes y le pedirás a quien le toque el
papel que pueda escribir una palabra de bendición,
un versículo especial o algo que anime y le recuerde
la promesa de Dios a esa persona, y que agreguen
nombre y apellido de quien lo puso. Luego, recoges
de nuevo los papeles y los pegas en las paredes de
afuera; eso hará que las personas traten de ubicar sus
papeles para saber qué les pusieron, y mientras están
buscando puedan compartir con los demás lo que les
dijeron.

Este es un excelente ejercicio explicado en el marco
de bendecir sin importar a quien y pensar más en
los otros que en nosotros, y puedes usarlo como
aplicación práctica de Filipenses 2:3.

70. ORA CON UNA LISTA DE NOMBRES

Es obvio que orar está incluido dentro de tus tareas como líder de preadolescentes, pero en ocasiones necesitamos un recordatorio de lo obvio. Arma una lista con los nombres de tus preadolescentes y ora por cada uno de ellos; si la lista es muy larga, divídela en listas más pequeñas y 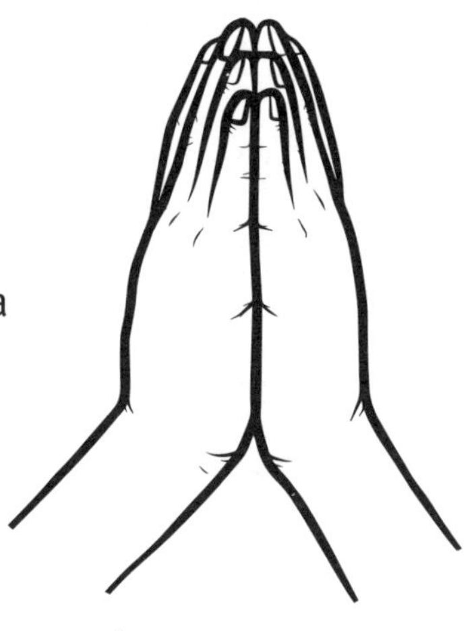 pídeles a otros líderes o padres que te apoyen en orar por los chicos en la lista y luego rota las listas para asegurarte de orar por todos. Lo obvio con esta idea es que hay dos beneficios: el orar por ellos los bendecirá mientras renueva tu amor por ellos, y... te ayudará a recordar nombres.

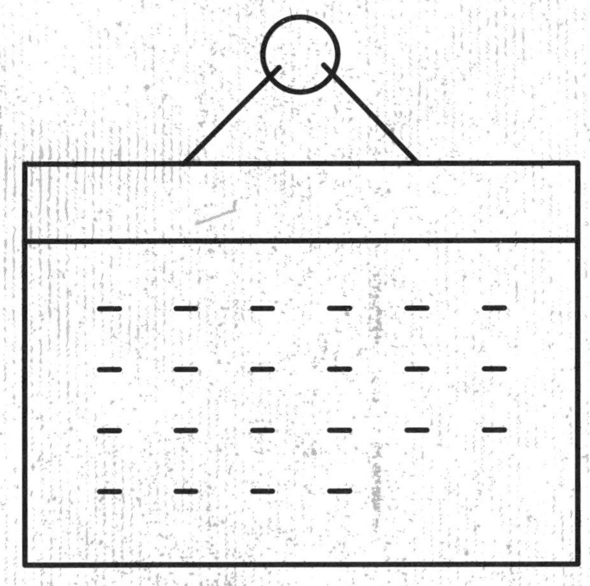

IDEAS

de servicio y eventos especiales

71. QUE COLABOREN EN EL MINISTERIO DE NIÑOS

Algunos de tus preadolescentes están listos para ser voluntarios en el ministerio de niños y todos están listos para colaborar con alguna actividad especial para los niños más pequeños.

Que sean voluntarios en el ministerio de niños tiene dos propósitos y beneficios:

- Que se involucren y desarrollen como líderes
- Que los niños sean inspirados al ver a estudiantes de la siguiente etapa de maduración haciendo algo positivo

(si quieres saber más acerca del impacto y ramificaciones de esto, lee el libro *Liderazgo Generacional* del Dr. Lucas Leys).

Lo que debes cuidar y que no es fácil de resolver para implementar esta idea es que tus preadolescentes no se pierdan sus propias clases y ministerio por colaborar con el de niños; en cualquier etapa, el ministerio no puede ser un escape de recibir con los de tu edad, y por eso es vital la coordinación colaborativa entre los distintos ministerios.

72. TEMPLO LISTO

Pide permiso a tu pastor o al liderazgo para que una vez al mes los preadolescentes se ocupen de dejar el templo listo para la reunión o reuniones del fin de semana: la jornada puede ir desde limpiar baños, preparar los sobres de ofrenda o ayudar a preparar los artículos para la Santa Cena. Apóyate en los encargados de  cada área para que sean ellos quienes les expliquen por qué y cómo se hacen las cosas y luego asegúrate de que se mencione que ellos hicieron el trabajo para que se sientan orgullosos y emocionados de colaborar.

73. CELEBRA A LOS ABUELOS

La experiencia de las personas en edad avanzada es un tesoro a veces poco celebrado y poco utilizado en muchas iglesias, y tu ministerio de preadolescentes puede tomar la iniciativa en servir de catapulta para que eso cambie. Invita a algunos abuelos a involucrarse en el trabajo con preadolescentes y a la vez organiza con tus preadolescentes algunas actividades para todos los abuelos de la iglesia.

Los abuelos pueden ayudarte a ser tu equipo de oración, pueden ser una comisión de consejeros, pueden ayudarte con algunos padres difíciles y pueden enseñarte a enfrentar situaciones difíciles. Algunos de ellos tienen la paciencia y calidez para abrazar y la firmeza para enseñarles límites a los chicos, y si piensas en servirlos y sumar a algunos, tu ministerio puede verdaderamente elevarse a otro nivel.

74. PICNIC FAMILIAR

Toma la iniciativa con tu ministerio de preadolescentes de organizar un *picnic* familiar con tus estudiantes y sus padres. Claro que puedes organizarlo con los otros ministerios de nuevas generaciones de la iglesia (niños, jóvenes y adolescentes), pero tener uno exclusivo con los tuyos puede llegar más lejos en crear una experiencia inolvidable para tus preadolescentes.

Organiza competencias por familia combinando actividades padres con padres, madres con madres y junto a los chicos.

El tener *picnics* familiares es una gran actividad en tantos sentidos que hasta es recomendable que hagas anualmente uno de todos los ministerios de nuevas generaciones en un lugar y otro exclusivo de tu ministerio de preadolescentes en otro (para que no compitan sino que sean bien distintos).

75. ORGANIZA UNA ACTIVIDAD ESPECIAL CON LA SIGUIENTE ETAPA

Aunque insistimos en que es recomendable tener a los preadolescentes separados de los adolescentes ya que las necesidades y características de ambos grupos son diferentes y es importante que aprendas a  identificarlas, también es bueno preparar al menos una actividad para que tus preadolescentes se familiaricen con aquellos que están en la siguiente etapa de maduración y sus líderes y que puedan encontrar entre ellos algunos modelos positivos a quienes admirar.

Trabaja con los líderes del siguiente ministerio para pensar con cuidado la actividad, dando protagonismo a cada grupo. Los adolescentes deben verlo como una oportunidad de servicio y no como que se los trata como más inmaduros, y los preadolescentes deben verlo como una oportunidad de estar con los mayores, sin la intimidación de que el estar unidos es algo para siempre.

76. ESPACIOS ESPECIALES

Asegúrate de que tu ministerio esté preparado para adolescentes de necesidades diferentes: integrarlos al resto no siempre es fácil, pero es importante para unos y para otros. Puedes crear una actividad anual para generar conciencia acerca de esto, pero más allá de la actividad especial es importante que te plantees el acceso, la ubicación y el trato para preadolescentes con necesidades especiales; habla con sus padres para escuchar sus recomendaciones y no temas consultar con profesionales para saber cómo tratarlos si su condición te intimida.

77. LA GRAN COCINA

Aunque inicialmente te cueste imaginarlo, tus preadolescentes pueden cocinar y hacerlo puede ser una gran oportunidad múltiple.

Esta actividad tiene 3 fases:

Elige de antemano una buena receta de galletas (*cookies*). Suma a un par de buenos cocineros de la iglesia como colaboradores (y consíguete algunos sombreros de chefs), aunque prepáralos para enseñar y supervisar a los preadolescentes y no para que ellos hagan el trabajo; luego, diviértanse en la cocina haciendo las galletas (y no tengas temor de usar toda una reunión para esto).

Elige de antemano a un servicio social o ministerio a quienes tus preadolescentes van a llevarles sus galletas: puede ser un hogar de ancianos, un hospital de niños o simplemente otro ministerio de la iglesia —o incluso una familia de la iglesia— y haz un «acto de entrega oficial» de las galletas.

Guarda de antemano una buena cantidad de galletas para comerlas con los preadolescentes luego de cumplir el punto 2.

78. NOCHE TEMÁTICA

Según sea la temporada, los preadolescentes estarán enganchados con algún videojuego, película, canal de *YouTube*, artista musical, etc., y entonces puedes organizarles una clase o reunión especial del tema. Si por ejemplo haces una noche de algún juego  o película medieval, al estilo del rey Arturo, entonces tendrás princesas, príncipes y caballeros. Anticipa la ocasión con varios días de anuncios pidiéndoles que traigan disfraces, y en el evento decora el lugar, organiza juegos acerca del tema y rompe con todo tipo de estereotipos: por ejemplo, que las princesas sean las que rescatan a los caballeros en algún juego. Cuanto más memorable, mejor para facilitar amistades. Y claro, si quieres aterrizar el tema con una enseñanza especial, todavía mejor.

79. DÍAS EVANGELÍSTICOS

Siempre es bueno, lindo y sensacional que vengan preadolescentes no cristianos a la iglesia, pero si somos sinceros, no todas las reuniones y clases son igual de atractivas y asimilables para los no cristianos; por eso, conviene cada tanto tener algunas reuniones especiales para que tus preadolescentes se animen a traer a sus compañeros de la escuela o a sus vecinos y que sepan que ese día será especial para eso, que la clase, las canciones y las actividades estarán pensadas para los que no conocen las canciones ni saben las palabras raras de la Biblia y que ese día además habrá refrescos o regalos o algo especial.

Si conociendo a tu grupo crees que un buen desafío es poner el requisito de traer a un amigo nuevo para esa ocasión, hazlo, o quizás plantéalo al revés y anuncia un premio a cada uno que traiga un amigo nuevo y un súper premio para el que traiga a más amigos.

80. EL DÍA DE LAS FOTOS

Establece un día al año que sea exclusivamente para darles apreciación a todos tus preadolescentes (para lo que necesitarás ayuda de tu equipo de trabajo y/o de los líderes de célula). Haz una lista con los nombres de cada uno de los preadolescentes, divide la lista entre los miembros de tu equipo y anima a tu equipo a que ore y escriba palabras de apreciación y ánimo para cada preadolescente en tu grupo. Involucra a los padres en esta actividad y que todos vengan con alguna foto de su niñez para poner en un gran mural; claro que también puedes ese día tener a un fotógrafo profesional asignado y sacar fotos individuales y una grupal de todos.

Haz de este evento una tradición anual.

IDEAS

para becas y fondos económicos

81. ÁRMATE UN PRESUPUESTO

Al planear las actividades generales del año para el ministerio de preadolescentes es importante que anticipes qué gastos tendrás. ¿Habrá actividades especiales que tendrán un costo? ¿Sabes que tendrás que ayudar a algunas familias con becas? ¿Necesitas insumos como lápices, papel, tijeras? ¿Necesitas hacer proyección? ¿Qué tipo de equipamiento técnico beneficiaría tus

clases? ¿Qué tal tener un fondo de capacitación para tus voluntarios y la compra de recursos de enseñanza? Tienes que saber cuánto cuesta tu ministerio ideal, y no es más espiritual no pensar en el dinero, sino que eso es bastante tonto. El dinero es importante, y por las dudas recuerda que la advertencia de Pablo a Timoteo es que *el amor al dinero* y no el dinero es la raíz de todos los males (1 Timoteo 6:10). Por si no lo sabías, en tu iglesia hay salarios, se paga electricidad y otros impuestos, así que seguramente

hay un presupuesto y tu ministerio de preadolescentes debe tenerlo también.

Habla con tu pastor o autoridad acerca de esto, hazlo claro y establece un plan para levantarlo, pide ayuda y clarifica un procedimiento. De hecho, te conviene tener un tesorero propio del ministerio (sobre todo si levantan ofrendas) y que no seas tú la única persona que sabe cuánto dinero entra o levantan.

Si bien es cierto que algunas actividades son pagadas por los padres como campamentos, conferencias, noche de películas, etc., también ellos necesitarán programarse más cuando cuentan con otros hijos en casa y deberás ayudar a aquellos preadolescentes que no tienen la manera de pagar por actividades especiales. Más allá de las ideas que vienen a continuación, consigue el libro *100 ideas para levantar fondos* que te ayudará a trabajar en tu presupuesto.

82. REGALOS PRIVADOS Y SUBASTA PÚBLICA

Conseguir donaciones para reventa es una idea básica para levantar fondos para una buena causa, y una buena idea para darle un golpe extra de gracia es concentrar las ventas en un día especifico y que el espacio escogido sea un lugar atractivo. Busca y organiza una lista de personas que pueden hacer

donaciones de artículos que se puedan vender. Busca ayuda y recoge las cosas donadas o pídeles que te las lleven al mismo tiempo a un lugar que hayan designado previamente, y elige un lugar como una plaza o esquina concurrida de tu comunidad o el estacionamiento de la iglesia. Pide permiso o al menos averigua los detalles de poner unas mesas o alfombras (mantas de colores) y algunos carteles allí.

Claro, esto también puedes hacerlo en la puerta, en el estacionamiento o en la parte trasera de la iglesia, pero el punto de que sea un lugar bien vistoso ayudará con el entusiasmo y las ventas.

El día de la venta puedes dividir mesas o alfombras por categorías como muebles, ropa, y juguetes.

83. RECICLA

En la mayoría de las localidades es posible ganar dinero al reciclar periódicos usados, vidrio, plástico, aluminio y mucho más. Se requiere mucho material para que la idea se convierta en una inversión, pero si lo organizas adecuadamente puede resultar un buen método a fin de obtener dinero para tus proyectos en desarrollo.

Anima a la congregación y a los vecinos para que participen en el reciclado; si es necesario, organiza a los miembros de tu ministerio para crear rutas para recoger los materiales en la casa de quienes reúnan materiales y logra que la iniciativa se «vea», por ejemplo, poniendo grandes botes para el reciclado de cosas en la puerta de entrada de la iglesia.

84. BRAZALETES

Hay dos tipos de brazaletes para vender que pueden ayudarte a conseguir el dinero que necesitas: los primeros son los fabricados *online* por distintas empresas de herramientas de mercadotecnia (*merchandising*)

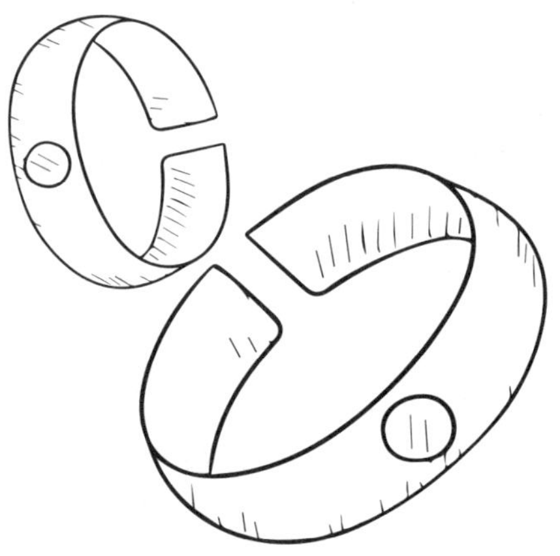

que son de silicona y que, hechos en cantidad, son accesibles y atractivos por la gran variedad de colores y el hecho de que puedes ponerles tu logo o el *slogan* de tu campaña. La clave con estos —además de su venta— es conseguirlos a muy buen precio, y por eso es bueno que busques en tu ciudad además de los precios *online* y que esta sea una iniciativa que hagas a gran escala, porque cuantos más hagas más barato te costarán, pero más deberás vender.

Los segundos brazaletes e ideales para una escala más pequeña son los artesanales, que puedes fabricar con un grupo de voluntarios; puedes hacerlos de cualquier estilo y según distintos materiales y colores que sean atractivos en tu zona.

85. LA GRAN OBRA

Prepara una buena obra de teatro con los miembros de tu grupo y promociónala en la congregación, con los padres y en tu comunidad. Arma el escenario según el tema de la obra y decora bien el lugar. Que lu grupo se lo tome en serio es fundamental para que ensayen.

El día de la obra, cobra por la entrada o incluso vende entradas por adelantado y también prepara palomitas de maíz y bebidas para la venta, así tendrás todo el ambiente preparado para una actividad memorable. Procura que tu presupuesto de decoración y producción no exceda lo que cobres por la entrada, y para esto puedes pedir a los padres que donen los disfraces de sus hijos, pero haz un esfuerzo de excelencia; de esta manera, la actividad puede convertirse en una tradición anual con la que tu iglesia se destaque.

86. LA FERIA DE TALENTOS

La osadía de muchos preadolescentes al expresarse puede ir bien lejos y puedes hacer un buen programa con sus talentos: puedes reunir a los que le gusta dibujar o pintar, a los músicos y a los bailarines o incluso también a los que hacen cuentos o poemas. Claro que puedes hacer la típica velada gratis de talentos solo con ellos, pero si quieres involucrar a toda la familia hasta te conviene tener una entrada accesible para que se lo tomen en serio y además así puedes levantar un ingreso económico para juntar becas para alguna actividad o dinero para comprar algún equipo.

Las inscripciones de los participantes pueden ser por categoría, anticipando cuáles van a ser los premios y dependiendo de lo que quieras alcanzar. Cada participante expone su arte en una gran exposición y ganan todos.

Normalmente asistirán los familiares de los mismos concursantes, así que mientras más concursantes tengas mayores visitantes tendrás. También puedes vender entradas al resto de gente de la iglesia o del barrio.

Para el final debes tener un jurado listo para decidir cuáles han sido las mejores exposiciones, y si quieres hacerlo todavía más grande puedes ponerte de acuerdo con todos los ministerios de nuevas generaciones de tu iglesia y entonces tener un ganador para los niños, otro para los preadolescentes, otro para los adolescentes y otro para los jóvenes mayores o incluso los padres. También puede haber un gran premio por el mejor talento de todos, o lo que sea que puedas inventar;

no existen límites y el efecto colateral es que más gente se sentirá apreciada e involucrada, impulsarás a algunos a expresarse, conocerás mejor a tus muchachos y de paso puedes usarlo para un objetivo económico del ministerio.

87. EL DESAYUNO DE PADRES E HIJOS

Seguramente tienes a varios adultos en la iglesia a quienes les gusta cocinar y puedes motivarlos a separar un sábado o domingo temprano por la mañana para ofrecer un desayuno especial de padres e hijos.

Asegúrate de tener una buena provisión de lo esperado pero también algo exótico en el menú, y para la ocasión puedes cobrar por menú fijo o puedes cobrar según lo que ordenen, como en cualquier restaurante.

88. EL 10, EL 25, EL 50 Y EL 100 % DE UNA BECA

Cuando tengas una actividad especial como un campamento que tiene un costo, además de vender el registro a los padres de tus preadolescentes puedes hacer tickets o boletos de becas para que colaboren el resto de los adultos de la iglesia: puedes crear boletos o diplomas por el 10 % del costo del campamento para un participante, o el 25 %, el 50 % o el 100 %, y así será mucho más preciso para la gente saber cómo y con cuánto colaborar; además, les habrás dado algo tangible y visible que funcione como recibo de lo que ofrendaron.

A esta idea luego puedes completarla con una foto del preadolescente que recibió la beca, para que la persona donante quiera volver a hacerlo la próxima vez.

IDEAS

para actividades con propósito

89. LA CAJA DE PREGUNTAS IMPORTANTES

En muchas congregaciones pequeñas (y no tanto) es usual tener cajas o buzones para que la gente ponga pedidos de oración, y para variar un poco ese recurso es una buena idea hacer que la caja sea de preguntas importantes. Tenla un mes completo en tu salón de clases explicando que allí los estudiantes pueden poner sus preguntas más importantes acerca de Dios, la Biblia, la familia, las relaciones o lo que sea, y que al final del mes tendrán una clase para responder las diez preguntas que más se repitan.

Tú puedes elegir las diez que prefieras para preparar las repuestas de antemano, o si te animas puedes sacarlas en vivo e ir respondiendo de manera espontánea; cualquiera de las dos formas es válida y puedes cambiar el número diez, pero es bueno que anticipes cuántas vas a responder para mantenerte en ritmo para responder cada una (y otra opción es que diez voluntarios diferentes respondan cada una).

90. SUEÑOS CUMPLIDOS

Con la llegada del pensamiento abstracto, muchos preadolescentes comienzan a temer al futuro y entonces están en  la etapa justa para escuchar de personas que fueron preadolescentes como ellos pero avanzaron con sus proyectos de vida y consiguieron cosas significativas. Trata de conseguir para una actividad especial dos o tres personas que vengan a contar acerca de su profesión, qué hicieron para llegar allí y cómo Dios los ayudó en el camino.

Obviamente, cuanto más destacados los logros y los desafíos que tuvieron que pasar más inspiradora será la historia así que búscalos con cuidado, prestando atención a que sean de disciplinas diferentes y que no comuniquen que el éxito en la vida solo tiene que ver con dinero o fama. Prepara a estas personas para contar cosas de su preadolescencia que ayuden a tus preadolescentes a sentirse identificados.

91. PRIORIDADES

Los preadolescentes tendrán que escoger cuántos puntos le dan —en una escala de 1 a 100— a una lista de prioridades que les presentarás, considerando la importancia que le dan. El maestro puede pegar la lista de prioridades en la pared o ponerlas en mesas alrededor de la clase.

La lista dependerá de lo que el maestro quiera hablar, pero algunos ejemplos pueden ser: *Dios - Familia - Estudios - Salud - Dinero - Noviazgo - Amigos - Carrera*. Los estudiantes anotarán en sus propios papeles la cantidad de puntos que le ponen a cada categoría y luego podrás comenzar una buena conversación.

92. EL DESAFÍO

Presta atención a los desafíos que se viralizan permanentemente a través de las redes sociales y replica con los chicos los que sean positivos, intentando siempre sacar alguna enseñanza para ellos. También puedes retarlos a realizar sus propios desafíos vinculados a incorporar nuevos hábitos o áreas que deseen mejorar. El uso de videos y ponerlos en algunas de sus redes es algo que le agregará diversión también.

93. LA CARRERA DE OBSTÁCULOS

A esta actividad puedes hacerla en pequeña escala en un salón de clase o preparar todo un trayecto de obstáculos más elaborados en un parque o en el estacionamiento de la iglesia. Asegúrate que algunos obstáculos

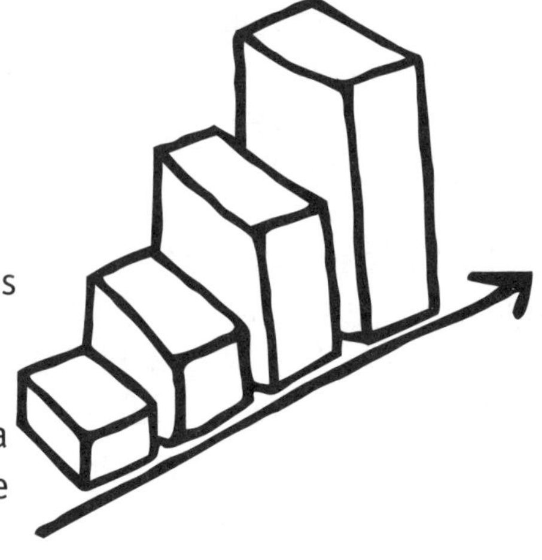

sean más fáciles para los altos y otros más fáciles para los chiquitos y difíciles para los altos, y que haya alguno que solo pueda resolverse de manera grupal (busca en *YouTube* algunas ideas).

Después de la carrera trabaja la siguiente reflexión: la vida es una carrera de obstáculos que debemos superar, de los cuales no todos son igual de fáciles o difíciles para todos, y para poder superar algunos nos necesitamos mutuamente. Puedes usar Hebreos 12:1, Filipenses 3:14 y 1 Corintios 9:24 como fundamentos bíblicos para la clase.

94. EL DÍA DE LOS CASOS

Analizar una situación suele ser llamado *estudio de caso* y es una excelente herramienta para que un grupo genere consejos que eventualmente a alguno de ellos van a servirles.

No temas correr el velo de los temas candentes que tanta curiosidad generan en las nuevas generaciones, y hazlo con astucia sin

simplificar en el «está bien o está mal», lo que suele ser una pregunta infantil. Todos los temas que les interesen a los preadolescentes pueden ser tocados con preguntas de discusión en grupos pequeños para luego compartir principios bíblicos y evaluar las mejores respuestas, pero una gran herramienta son los estudios de casos donde en lugar de responder el típico «está bien o está mal» se aborda el tema de una manera más completa, pensando en las distintas personas involucradas en una historia.

Un estudio de caso es una escena donde hay personajes que se encuentran en un dilema, y esos personajes deben relacionarse a situaciones normales para tu público. Usa la imaginación para escribir los casos que muchas veces pueden ser historias que ya viviste o de las que conoces, pero con los nombres y la descripción cambiada.

Los preadolescentes ya están haciéndose preguntas acerca de esos temas y quizás ya hablan de esas cosas con sus amigos, ven de ellas en internet y escuchan ideas no bíblicas en los medios de comunicación masiva.

Siempre es más fácil tratar temas candentes usando una pizca de humor y buenos datos investigativos además de hablar de historias y no de acciones sueltas, pero sobre todo asegúrate de empaparte del tema a la luz de la Biblia y sé cuidadoso de las consecuencias comunitarias de lo que vas a enseñar, aunque hazlo con urgencia antes que sea el mundo quien eduque a los miembros de tu ministerio.

95. EL MURO DE LAS CONQUISTAS

Todos tenemos temores y todos hemos pasado por complejos o se han burlado de nosotros en algún momento. Habla de eso por unos minutos con tu grupo y luego entrega a los participantes un papel y algo para escribir para que anoten sus propios temores o su peor complejo. Luego de escribirlo deben colocarlo en «el muro de los lamentos», que puede ser una de las paredes de la sala donde se encuentran o puedes construir uno de cartón u otros materiales livianos para la ocasión.

Luego de este ejercicio saca a la luz «el muro de las conquistas», que es otro muro que preparaste con elementos similares pero que incluyen promesas bíblicas y palabras de afirmación basadas en algún texto bíblico: Filipenses 4:13, Efesios 2:10 y Deuteronomio 31:8 deberán estar con seguridad en ese muro.

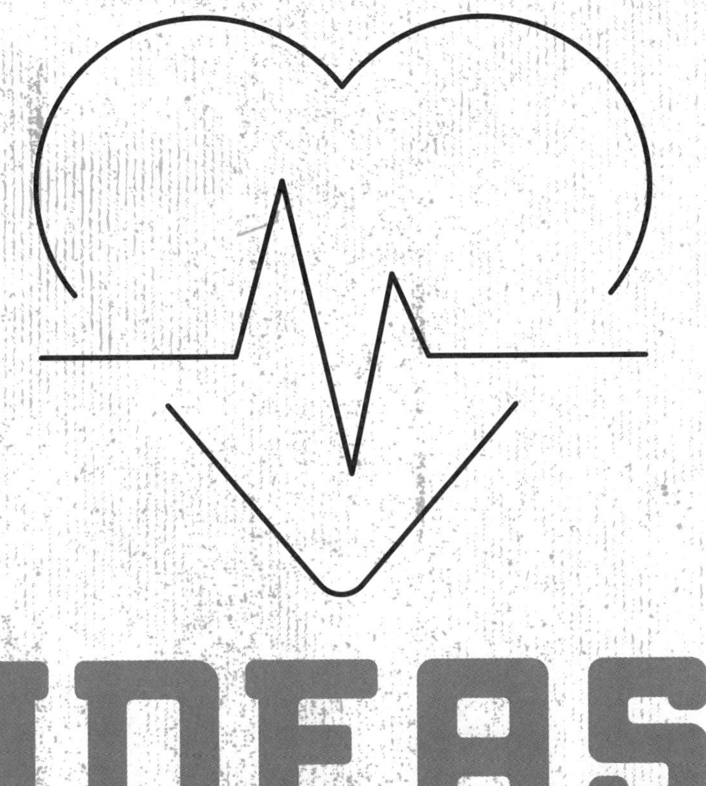
IDEAS
para tu salud
espiritual

96. ESTABLECE LÍMITES

Hay quienes te dirán que en el ministerio debes estar disponible para los miembros de tu grupo 24/7 (todo el día, todos los días), y esa es una mentira que ha lastimado a muchos líderes cristianos. Claro que debes tener el  corazón dispuesto y debes ofrecer disponibilidad pero eso no es sinónimo de que todos pueden llamarte en cualquier momento y que siempre tengas que decir que sí; si haces eso, probablemente alguien te lo celebre pero pronto serás esclavo o esclava de esas personas, así que lo que debes hacer es ordenar tus rutinas semanales para que todos, comenzando por ti mismo, sepan cuándo estás disponible para el ministerio.

No temas decirles a tus voluntarios que si tienen preguntas del ministerio pueden llamarte de tal hora a tal hora o encontrarse contigo el sábado a la mañana o en un momento establecido; en esta sociedad de hiperconectividad no le des acceso a tu teléfono a todos, y aun si se lo das no hace falta que sientas un deseo compulsivo de responder a todos inmediatamente. De hecho, establece que por cuestiones ministeriales es mejor contactarse por mail o específicamente en un determinado día.

Establecer límites es como tener guardarrieles que nos protegen de no salirnos del camino: nos protegen a nosotros y protegen a otros de que un mal día no los choquemos.

97. SIGUE ESPECIALIZÁNDOTE

El liderazgo es siempre acerca del futuro y por eso debemos anticipar escenarios nuevos y  seguir aprendiendo continuamente. Cuando dejamos de aprender dejamos verdaderamente de liderar aunque mantengamos la posición, y por eso es vital ser intencionales en trabajar en nuestro desarrollo. Lee libros de colegas acerca del ministerio con preadolescentes, lee libros de educadores acerca de la educación de los adolescentes, lee libros de piscología y neurociencia, acerca del cerebro y la conducta de los preadolescentes y a la vez renueva tus materiales.

Toma al menos un curso anual que tenga que ver específicamente con tu ministerio e intégrate en alguna capacitación presencial con tu equipo. Si quieres que otros aprendan, aprende.

98. TÓMATE VACACIONES

Si Dios se tomó un día de descanso, ¿por qué no vas a tomártelo tú? En algunos sectores de las iglesias cristianas se mantiene la idea ingenua de que Dios no se toma vacaciones, que las reuniones nunca deben parar y que los líderes cristianos no se toman vacaciones; sin embargo, la Biblia nos cuenta que Dios se tomó un día de descanso luego de la creación y que Jesús se fue de retiro personal luego de algunas jornadas intensas de ministerio.

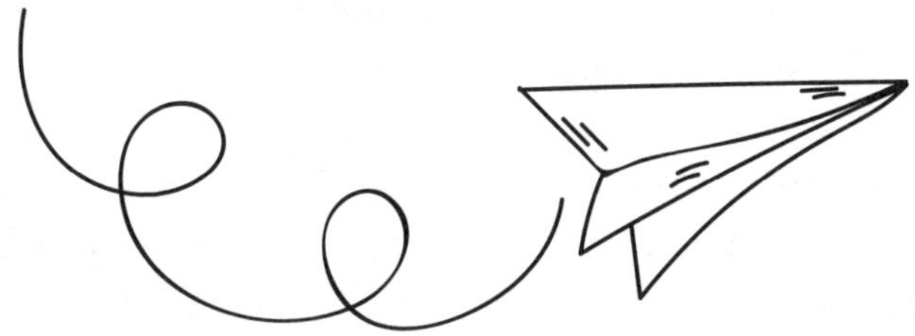

Tú necesitas vacaciones, tu equipo necesita que te las tomes y los preadolescentes también. Todos ellos necesitan tu mejor versión, y para ofrecérselas necesitas días de descanso, renovar tus energías y recambios de ciclos; de hecho, tu ministerio no debe ser de aquellos que nunca para, ya que todo ministerio necesita algún período de vacaciones para renovar fuerzas, interés y energía.

99. ESPECIALÍZATE PERO NO TE ENCAPSULES

Ser cada vez más profesionales en nuestra tarea de discipular preadolescentes es fundamental, pero esa no puede ser la única faceta de nuestro desarrollo: crece en otras áreas y aprende de otras disciplinas, y te sorprenderás enriqueciendo tu visión ministerial del trabajo con preadolescentes a través de ideas e información que a simple vista pareciera que no tiene nada que ver con tu llamado.

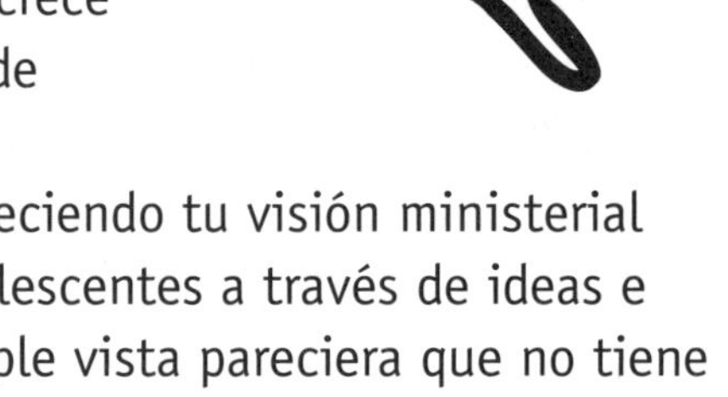

Mantener tu cerebro activo bendice a tus estudiantes, ya que hace que tus clases sean más interesantes y creativas.

100. DESARROLLA COLUMNAS DE ORACIÓN

Todos los líderes cristianos necesitamos la oración de otras personas y es sabio buscarse algunas personas que tengan la carga y responsabilidad continua de orar por nosotros. Búscate tres o cuatro personas maduras en tu vida y desafíalas a ser tus columnas de oración para sostener tu vitalidad espiritual y tu ministerio, comparte con ellas motivos de oración semanales o al menos mensuales, y cada cierto tiempo reúnete con ellas para compartir un poco más acerca de lo que les compartes como motivos y para que la oración sea en vivo.

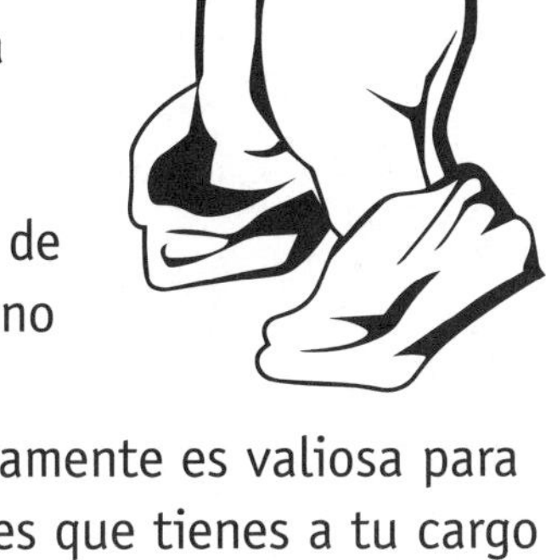

Todos necesitamos compañeros de sueños, proyectos y llamado, y no tienes por qué llevar tu carga a solas; tu salud espiritual no solamente es valiosa para ti sino para esos preadolescentes que tienes a tu cargo y sus familias.

1. DERROCHA GRACIA ✝ = ♡

2. CUIDA LOS DETALLES 

3. MODELA ESFUERZO

4. TRABAJA EN EQUIPO

5. SÉ VALIENTE

Una de las razones principales por las que suele faltar creatividad en muchos grupos de personas de todo tipo es porque quienes son parte de ellos no perciben que hay espacio para el error, es decir, todos tienen temor a equivocarse y a que se los regañe o a que se burlen de ellos, y eso coarta la expresión y la creatividad. El temor es uno de los principales enemigos de la creatividad, y los únicos antídotos contra el temor son el amor incondicional y la gracia que echan fuera el temor a expresarnos.

Enséñales a tus jóvenes que entre los cristianos podemos «equivocarnos en confianza», y que algo puede salir mal y no es ninguna tragedia.

A distintos roles distintas reglas, y el ministerio de nuevas generaciones no es el lugar para que todo sea profesional y salga bien, sino que debe ser un refugio para que el perfume de la gracia haga que cualquier mal olor pase desapercibido.

La gracia es el primer y más poderoso trampolín para la creatividad de tu grupo.

Cuida los Detalles

Seguramente escuchaste por ahí que hay que hacer las cosas con excelencia, pero no muchos explican que eso no quiere decir que las cosas sí o sí tienen que ser perfectas, y tampoco suele señalarse que la excelencia se crea con pequeños detalles y no necesariamente los más vistosos. Por ejemplo: demasiados líderes ponen toda su atención en lo que sucede en el escenario pero no en lo que sucede en la entrada al saludar a los que recién llegan, y ambas cosas tienen un impacto poderoso.

Siempre piensa en cada detalle de lo que sucede en tu ministerio y presta atención a lo que aparentemente nadie ve.

Modela el Esfuerzo

Liderar es un privilegio que se gana sirviendo, y los mejores líderes no le piden nada a sus liderados que ellos mismos no estén dispuestos a hacer. Claro que eso no significa que tú tienes que hacer todo, pero sí significa que cuando les pides algo no es por comodidad o porque consideras que tú eres demasiado importante como para hacer esa tarea. Muestra esfuerzo y ellos se esforzarán; muestra compromiso y ellos se comprometerán.

Trabaja en Equipo

Si un ministerio depende de una sola persona es un ministerio débil, no importa cuántos asistentes haya en ese grupo, y cualquier tipo de éxito será aparente y pasajero. El verdadero éxito tiene que ver con fidelidad a una misión y la misión de un ministerio cristiano es el discipulado que acompaña a la madurez en Cristo, y por eso en casi todas las ideas de este libro damos a entender que es fundamental que los participantes sean los protagonistas del ministerio y no solamente el público de un gran líder.

Trabaja en equipo con ellos y con otros líderes que sean buenos para lo que tú no eres bueno. Suma padres e incluso abuelos y apoya a otros ministerios de la iglesia. Dios nos hizo para vivir en comunidad, y la calidad de tus relaciones es la verdadera calidad de tu vida.

Se Valiente

Tus jóvenes y tu equipo se animarán a practicar la fe en la medida en que la vean en acción en tu vida. Demasiados ministerios se estancan porque tienen líderes demasiado preocupados por la crítica o el fracaso o con un apetito exagerado por agradar a todo el mundo (aunque estos líderes sean buenas personas con buenas intenciones). Juégatela y se la jugarán quienes te siguen; anímate a equivocarte y a ser criticado, y ellos se animarán también.

Equivocarse no es sinónimo de pecar. A veces las cosas salen mal, pero nunca sabremos si funcionan si no probamos. Lo que hay que hacer es medir costos, y si el costo es simplemente que alguien piense que te equivocaste, ¿qué importa? La historia no la escriben los que saben hacer las cosas sino quienes las hacen.

ALGUNAS PREGUNTAS QUE DEBES RESPONDER:

¿QUIÉN ESTÁ DETRÁS DE ESTE LIBRO?

Especialidades 625 es un equipo de pastores y siervos de distintos países, distintas denominaciones, distintos tamaños y estilos de iglesia que amamos a Cristo y a las nuevas generaciones.

e625.com

¿DE QUÉ SE TRATA E625.COM?

Nuestra pasión es ayudar a las familias y a las iglesias en Iberoamérica a encontrar buenos materiales y recursos para el discipulado de las nuevas generaciones y por eso nuestra página web sirve a padres, pastores, maestros y líderes en general los 365 días del año a través de **www.e625.com** con recursos gratis.

zona de contenido
PREMIUM

¿QUÉ ES EL SERVICIO PREMIUM?

Además de reflexiones y materiales cortos gratis, tenemos un servicio de lecciones, series, investigaciones, libros online y recursos audiovisuales para facilitar tu tarea. Tu iglesia puede acceder con una suscripción mensual a este servicio por congregación que les permite a todos los líderes de una iglesia local, descargar materiales para compartir en equipo y hacer las copias necesarias que encuentren pertinentes para las distintas actividades de la congregación o sus familias.

¿PUEDO EQUIPARME CON USTEDES?

Sería un privilegio ayudarte y con ese objetivo existen nuestros eventos y nuestras posibilidades de educación formal. Visita **www.e625.com/Eventos** para enterarte de nuestros seminarios y convocatorias e ingresa a **www.institutoE625.com** para conocer los cursos online que ofrece el Instituto E 6.25

¿QUIERES ACTUALIZACIÓN CONTINUA?

Regístrate ya mismo a los updates de **e625.com** según sea tu arena de trabajo: Niños- Preadolescentes- Adolescentes- Jóvenes.

¡APRENDAMOS JUNTOS!

f t instagram / InstitutoE625
e625
INSTITUTO
ESPE
CIALI
DADES
TU MINISTERIO
SUBIRA
DE NIVEL

Instituto e625
INSCRÍBETE
DIPLOMADO
en
LiderazGO
Generacional
Programa Completo. Educación ministerial del futuro.

Nueva Web

PROFESORES EXPERTOS

ACCESIBILIDAD Y
MOVILIDAD

FLEXIBILIDAD Y
PROFUNDIDAD

METODOLOGÍA

www.InstitutoE625.com

Sé parte de la mayor COMunidad de educadores cristianos

e625
te ayuda todo el año

www.e625.com te ofrece
recursos gratis